NOUVEAU CODE
ÉPISCOPAL ET MINISTÉRIEL

Pour destituer malgré les lois et les canons

DES CURÉS INDESTITUABLES

Paris, le 31 juillet 1879.

« J'ai l'honneur de vous informer que l'in-
« sanité d'esprit de M. l'abbé Reynaud, curé
« de Goncelin, me paraissant démontrée, je
« donne mon adhésion au dessein que vous
« avez manifesté de le remplacer dans ses
« fonctions par un procuré.

« Aux termes de l'article 10 du décret du
« 17 novembre 1811 et des articles 26, 27,
« 28, 29 et 30 de l'ordonnance du 1er avril
« 1823, sur les dépenses des cultes, l'in-
« demnité allouée au remplaçant d'un titu-
« laire d'une cure de deuxième classe absent
« pour cause de maladie est de 400 francs,
« soit du tiers du traitement du titulaire.

« Les suppléments successifs attribués « aux curés à mesure qu'ils avancent en âge, « leur étant strictement personnels, ne peu- « vent être, même dans la proportion des « tiers, portés sur les procurés, à moins que « ceux-ci n'y aient droit par eux-mêmes, à « raison de l'âge qu'ils ont atteint. L'indem- « nité est imputée sur les traitements du titu- « laire, article 26 de l'instruction de 1823. « Elle s'accroît : 1° du casuel, article 1er du « décret et 29 de l'instruction ; 2° de la « jouissance du presbytère ou de l'indem- « nité du logement qui en tient lieu, cet « avantage étant, d'après une jurisprudence « ministérielle constante, corrélatif à l'exer- « cice des fonctions curiales.

« Je dois pourtant reconnaître que, sur ce « dernier point, le Conseil d'Etat, le 21 mars « 1861, s'est prononcé en sens contraire. Il « conviendra donc, pour prévenir toutes « difficultés à cet égard, d'inviter le titulaire « et le procuré à se concerter en vue d'habi- « ter ensemble le presbytère. Il importe « d'autant plus d'arriver à un arrangement « amiable, que si M. l'abbé Reynaud se re- « fusait, soit à cohabiter avec son rempla- « çant, soit à évacuer les lieux, l'autorité ci- « vile n'aurait, en l'absence d'un texte posi- « tif, aucun moyen de contrainte contre lui. « Je ne doute pas que le légitime ascendant

NOUVEAU CODE

ÉPISCOPAL ET MINISTÉRIEL

POUR DESTITUER MALGRÉ LES LOIS ET LES CANONS

DES CURÉS INDESTITUABLES

Mettant en lumière les principes établis
dans l'*Avocat du Prêtre Calomnié*
et dans l'*Appel Légitime et Nécessaire*

par

M. J. REYNAUD

CURÉ ARCHIPRÊTRE DE GONCELIN

Prix : **2** Fr.
Par la poste **2** Fr. **25**

GRENOBLE
IMPRIMERIE DU COMMERCE, MAREQUESTE & Ce
23, Grande-Rue, 23

1887

« de Votre Grandeur joint à la pression du « sentiment public, n'amène un résultat dé- « sirable.

« Si M. l'abbé Reynaud consent à quitter « le presbytère, il ne sera point nécessaire « de procéder à l'inventaire du mobilier, « puisqu'il conserve son titre, une partie de « son traitement et le droit (tout théorique « dans l'espèce) de reprendre l'exercice de « ses fonctions, l'éloignement prévu par le « décret de 1811, n'étant jamais que provi- « soire; mais il conviendra de faire le récole- « ment du mobilier au moment où le procuré « commencera à s'en servir,

« Telles sont les instructions que j'ai cru « nécessaire de vous fournir sur la nature, « l'étendue des droits que la loi confère aux « procurés. J'y joins quelques détails sur la « marche qu'il convient de suivre. Dès que « Votre Grandeur aura porté son choix sur « l'ecclésiastique destiné à remplacer M. « l'abbé Reynaud, je la prie de vouloir bien « me le faire connaître, non qu'il soit en « aucune façon limité par la nécessité d'ob- « tenir l'agrément du chef de l'Etat ; mais « que je puisse prendre l'arrêté exigé par « l'article 3 de l'instruction du 1er avril « 1823, tendant à déterminer l'indemnité à « allouer au procuré.

« Vous voudrez bien y joindre, en confor-

« mité de l'article 12 du décret de 1811, un « acte de notoriété destiné à constater l'ab« sence (c'est-à-dire l'éloignement de ses « fonctions) de M. l'abbé Reynaud, pour « cause de maladie et dressé par le maire « de Goncelin.

« Si Votre Grandeur éprouvait quelque « hésitation au cours de la procédure à sui« vre, ou si quelque obstacle l'arrêtait, je la « prie de m'en référer et je m'empresserai « d'examiner les difficultés qui me seraient « signalées.

« Recevez, Monseigneur, l'assurance de « ma haute considération. »

Le Ministre de l'Intérieur et des Cultes,
Ch. LEPÈRE.

Pour copie conforme :
Grenoble, le 3 août 1879.
MUSSEL, *Vicaire Général.*

Monsieur Reynaud, curé de Goncelin, trouvera sous ce pli la copie d'une lettre de M. le Ministre de l'Intérieur et des Cultes en date du 31 juillet 1879.

A partir de la réception de cette missive, M. Reynaud a un remplaçant, en qualité de procuré, dans la personne de M. Lombard.

M. Reynaud est invité à évacuer le presbytère de Goncelin, ou du moins à fournir un logement convenable et suffisant dans le presbytère.

En tout cas, par le motif énoncé dans la lettre de M. le Ministre, défense absolue est faite à M. Reynaud d'exercer aucunes fonctions d'ordre et de juridiction, soit à Goncelin, soit ailleurs, et nous lui retirons tous ses pouvoirs.

Grenoble, le 5 août 1879.

AMAND-JOSEPH, *évêque de Grenoble.*

Erreur du Ministre des Cultes proposant un procuré au lieu d'un vicaire.

Goncelin, le 9 août 1879.

Monsieur le Président de la République,

Le Ministre de l'Intérieur et des Cultes vient de porter une grave atteinte à mon honneur en disant à Monseigneur que mon insanité d'esprit lui paraissant démontrée, il adhérait au dessein que l'Evêque lui avait manifesté de me remplacer par un procuré.

Il lui dit que quand il aura porté son

choix sur l'ecclésiastique destiné à me remplacer, il joindra un acte de notoriété destiné à constater l'absence, c'est-à-dire l'éloignement de mes fonctions pour cause de maladie, et dressé par le Maire de Goncelin.

Mais, Monsieur le Président de la République, je suis sain de corps et d'esprit; prenez des informations auprès de tous les maires des douze communes du canton de Goncelin ; des maires de tout le canton d'Allevard, du Touvet, de Domène ; malgré mon âge je fais facilement à pied 40 kilomètres en un jour, mes écrits les plus récents prouvent ma sanité d'esprit.

Je vous fais hommage de mon *Appel légitime et nécessaire*. Faites-le examiner par des hommes compétents et surtout par le Ministre de l'Intérieur et des cultes, qui dans sa lettre du 31 juillet n'a pas osé citer un article qui le condamne, savoir l'article 15 du décret du 17 novembre 1811, ainsi conçu : « Lorsqu'un curé ou desservant sera devenu « par son âge ou ses infirmités dans l'im« puissance de remplir seul ses fonctions, il « pourra demander un vicaire qui soit à la « charge de la fabrique, et en cas d'insuffi« sance de son revenu, à la charge des habi« tants, avec le traitement tel qu'il est réglé « par l'article 40 du décret du 30 décembre « 1809 sur les fabriques. »

La prétendue insanité d'esprit n'est pas une maladie corporelle. Je me pourvois au Conseil d'Etat contre les décisions ministérielles et porte plainte à M. le Procureur Général contre M. Charles Lepère en lui demandant vingt-cinq mille francs de dommages-intérêts pour le préjudice qu'il m'a causé.

Daignez lui communiquer cette lettre.

Agréez, etc.

Réalité des pouvoirs attachés à la réalité du titre curial.

Goncelin, le 9 août 1879.

A son Eminence le Cardinal Caverot, archevêque de Lyon.

En vous rappelant ma lettre du 5 juin dernier sur les vaines tentatives de Monseigneur Fava pour m'interdire à cause du plaidoyer que j'ai publié en confirmation de mon appel du 1er septembre 1877, je dois vous signaler un nouvel attentat de cet évêque. Il s'est entendu avec le ministre de l'Intérieur et des Cultes pour supposer en moi une insanité d'esprit, pour nommer un procuré que le Ministre n'a pas encore agréé et me retirer tous mes pouvoirs d'ordre et de juridiction, tout en me laissant mon titre de curé.

Ce retrait nullement motivé serait plus redoutable que toutes les censures qui ne concernent que l'usage des pouvoirs et non l'essence des pouvoirs. C'est une dangereuse innovation dans le droit canonique. Tandis qu'un titulaire conserve son titre, il a radicalement tous les pouvoirs que réclame ce titre et n'encourt pas l'irrégularité, puisqu'il ne viole aucune censure d'excommunication, de suspense, d'interdit.

Qu'il plaise à Votre Eminence le rappeler à l'ordre et faire cesser le trouble qu'il cause dans ma paroisse en recourant à l'autorité civile et aux gendarmes pour me chasser de l'église.

Les entraves des lois canoniques le gênent.

Vous obligerez celui qui a l'honneur d'être, etc.

Anticanonique retrait de pouvoirs essentiellement attachés au titre curial.

Goncelin, le 10 août 1879.

A Sa Sainteté Léon XIII, Pontife, Roi.

Très Saint Père,

Qu'il me soit permis de transmettre à Votre Sainteté la lettre tout à fait imprévue et insolite de Monseigneur Fava, évêque de Grenoble, sous la date du 5 août courant : « Monsieur Reynaud, curé de Goncelin, « trouvera sous ce pli copie d'une lettre de « Monsieur le Ministre de l'Intérieur et des « Cultes du 31 juillet 1879 ; à partir de la « réception de cette missive, Monsieur Rey- « naud a un remplaçant en qualité de pro- « curé dans la personne de Monsieur Lom- « bard.

« En tout cas et pour le motif énoncé « dans la lettre du Ministre, défense absolue « est faite à M. Reynaud d'exercer aucunes « fonctionsd'ordre et de juridiction, soit à « Goncelin, soit ailleurs, et nous lui retirons « tous ses pouvoirs. Amand-Joseph, évêque « de Grenoble. »

Le motif énoncé dans la lettre ministérielle est ainsi conçu : « Monseigneur, j'ai « l'honneur de vous informer que l'insanité « d'esprit de M. l'abbé Reynaud, curé de « Goncelin, me paraissant démontrée, je « donne mon adhésion au dessein que vous « avez manifesté de le remplacer dans l'exer- « cice de ses fonctions par un procuré. »

Très-Saint Père, je suis sain de corps et d'esprit, mes nombreux ouvrages, celui même que j'ai publié depuis trois mois, ne laissent aucun doute à cet égard ; j'ai l'honneur en toute humilité, d'en déposer un exemplaire au pied de Votre Sainteté.

Le motif allégué par Monseigneur, est d'une insignifiance complète, parce que tous ceux qui me connaissent, et ils sont nombreux, trouvent que j'ai une intelligence peu ordinaire.

Le retrait public de tous mes pouvoirs pour folie et insanité d'esprit me diffame au loin et me met dans la misère. Monseigneur ne pouvant me frapper légalement et canoniquement des censures d'excommunication, de suspense et d'interdit, a imaginé ce retrait de pouvoirs essentiellement attachés à mon titre, lequel ne s'opère que par la destitution prononcée par la bouche du Souverain Pontife.

Daignez donc, Très-Saint-Père, avoir pitié

de moi, et me rendre tous les droits, dont les gardes, les gendarmes, le juge de paix, le maire, s'introduisant dans l'église, empêchent l'exercice.

Vous obligerez celui qui a l'honneur d'être avec une profonde vénération

de Votre Sainteté,

le plus humble et très-soumis fils.

J. REYNAUD.

Curé-archiprêtre du canton de Goncelin

Réquisition illégale et téméraire

Le 9 août 1879, le sieur Antoine Peyrard serrurier à Goncelin, enlève la serrure de la Sacristie et la remplace par une autre. Par mesure de police, j'avais fermé l'église, il vient l'ouvrir avec des crochets.

Je soussigné procuré de Goncelin, et chargé à ce titre du service de la paroisse requérons le Commandant de la gendarmerie de Goncelin, de faire évacuer par M. l'abbé Reynaud, curé interdit, la stalle qui m'est destinée, et en cas de refus, d'avoir à le conduire devant M. le juge de paix. A Goncelin, le 15 août 1879.

Le procuré de la paroisse de Goncelin

Signé : LOMBARD.

Depuis la Révolution de 1789, jamais l'autorité ecclésiastique n'a pu requérir la gendarmerie, ni s'en servir pour décider des questions administratives concernant les droits des curés et des procurés.

Arrestations illégales

Goncelin, le 18 août 1879.

Monsieur le Procureur Général, Grenoble.

L'acte constitutionnel du 22 frim. an VIII, porte article 77, pour que l'acte qui ordonne l'arrestation d'une personne puisse être exécuté il faut : 1° qu'il exprime le motif de l'arrestation et la loi en vertu de laquelle elle est ordonnée ; 2° qu'il émane d'un fonctionnaire à qui la loi ait formellement donné ce pouvoir ; 3° qu'il soit notifié à la personne arrêtée et qu'il lui en soit laissé copie.

Le 15 août, sur la réquisition de M. l'abbé Lombard, se disant faussement procuré de Goncelin, conservé dans le carnet de M. le Maréchal des Logis, j'ai été arraché de force de ma stalle curiale, où j'étais tout à fait paisible et inoffensif, et le 17, j'ai été contraint de descendre de chaire, ne pouvant entendre la messe. Les gendarmes m'ont consigné dans mon presbytère, dont on a barré la porte ; et j'ai été ainsi détenu et gardé pendant un jour entier. Double crime, arrestation illégale, entrave au libre exercice du Culte.

Je me constitue partie civile et demande 2000 francs de dommages-intérêts.

Qu'il vous plaise donc accueillir ma plainte et faire droit contre l'abbé Lombard, le Maréchal des logis, et Magnin, gendarme.

Plainte en diffamation contre M. Charles Lepère, ministre de l'Intérieur et des Cultes.

Goncelin, le 19 août 1879.

Monsieur le Procureur Général de la République
Paris.

Par l'intermédiaire de M. le Procureur Général de Grenoble, j'ai l'honneur de vous adresser une plainte en diffamation contre

M. Charles Lepère, ministre de l'Intérieur et des Cultes, qui, par sa lettre du 31 juillet dernier, annonce à Monseigneur Fava, évêque de Grenoble, que mon insanité d'esprit lui paraissant démontrée, il adhère au dessein qu'il lui a manifesté de me remplacer par un procuré. Cette lettre a eu le plus grand retentissement. La préfecture, le parquet ont connaissance de l'assertion diffamatoire du ministre.

L'évêque, avant l'accomplissement des formalités prescrites par le décret du 17 novembre 1811, a envoyé M. l'abbé Lombard, qu'il a fait introduire de force dans l'église, dont les clefs et les serrures et celle de la sacristie ont été remplacées par d'autres.

Comment M. le Ministre de l'Intérieur et des Cultes prouve-t-il mon insanité d'esprit ? On fait agir la gendarmerie contre moi ; on entrave à mon préjudice l'exercice du culte ; on m'arrête illégalement, etc.

Je dépose donc en votre parquet une plainte en diffamation et demande au diffamateur 25,000 francs de dommages-intérêts.

En attendant que justice me soit rendue, j'ai l'honneur d'être avec respect et considération,

Monsieur le Procureur Général,
Votre très-humble et très-obéissant serviteur.

Le curé-archiprêtre du canton de Goncelin
Joseph REYNAUD.

Hôtel Fénelon, rue Férou, 11

Paris, le 4 septembre 1879.

A son Eminence le Cardinal, nonce apostolique,
Rue Saint-Dominique, 28.

Eminence,

Hier, 3 du courant, je me suis rendu deux fois à votre hôtel. La première fois vos bureaux étaient fermés ; la seconde j'ai été assez heureux pour y trouver votre digne secrétaire, à qui j'ai remis un exemplaire de mon plaidoyer contre Monseigneur Fava, évêque de Grenoble, qui est ultramontain en théorie, et gallican en pratique, ayant la prétention d'exercer un pouvoir absolu, indépendamment des lois générales de l'Eglise.

Il a d'abord gravement compromis mon honneur en m'excluant illégalement et anticanoniquement des conférences ecclésiastiques, exclusion qui a motivé les appels des 1er et 2 septembre 1877, à l'archevêque et au pape, il a ensuite essayé, le 4 juin dernier, de me frapper de censure, si je donnais ou vendais un seul exemplaire de mon plaidoyer; j'ai fait un nouvel appel à l'archevêque et prévenu Sa Sainteté Léon XIII.

Ne pouvant ni me suspendre, ni m'interdire, ni m'ôter mon titre de curé, il a eu recours au mensonge, à la perfidie, et a dit au Ministre des Cultes que j'étais aliéné, malade et absent de ma paroisse ; qu'il me donnait un remplaçant en qualité de procuré, qu'il me retirait tous mes pouvoirs d'ordre et de juridiction.

L'autorité locale lui a prêté son concours : juge de paix, maire, gendarmes, gardes sont entrés dans la comédie, on a changé les clefs de l'église et de la sacristie. Je ne puis ni dire la messe, ni communier. Ma paroisse voulait se soulever, et on versait des larmes, j'ai empêché tout mouvement séditieux.

Je prie donc Votre Eminence de demander immédiatement à Monseigneur Fava raison de pareils agissements si scandaleux et si nuisibles.

Depuis plus de quatre-vingts ans, il n'existe plus en France de tribunaux ecclésiastiques, ayant légalement le pouvoir de punir pécuniairement les personnes ecclésiastiques qui ont causé aux autres des dommages matériels ([1]).

([1]) La juridiction contentieuse de l'Eglise a été supprimée par l'article 13 de la loi du 7, 12 septembre 1790, (Henrion, Code Ecclésiastique Français, page 4).

La bulle *Apostolicæ sedis* frappe d'excommunication réservée au Pape ceux qui traduisent devant les tribunaux civils les personne ecclésiastiques, comme prêtres, évêques, cardinaux.

Cette bulle ne peut s'entendre que des endroits où les anciens tribunaux ecclésiastiques sont maintenus dans l'exercice d'un pouvoir légal coërcitif. S'il en était autrement, les personnes ecclésiastiques pourraient causer les dommages les plus graves sans s'inquiéter ni des tribunaux ecclésiastiques qui n'existent presque nulle part, ni des tribunaux civils contre lesquels ils seraient protégés par l'excommunication que prononce la bulle *Apostolicæ sedis*.

Les journaux seront prochainement saisis de cette question qui mettra en éveil toutes les universités catholiques. Elle aura dans le monde un grand retentissement à l'occasion des poursuites que je suis obligé d'exercer contre Monseigneur Fava.

Lettre au Métropolitain

Lyon, le 5 septembre 1879.

Eminence,

Je viens d'avoir une entrevue avec M. Richoud, votre vicaire général. Je lui ai lu la lettre du 31 juillet 1879, de M. le Ministre de l'Intérieur et des Cultes, ainsi conçue : « Monseigneur, j'ai l'honneur de vous infor- « mer que l'insanité d'esprit de M. l'abbé « Reynaud, curé de Goncelin, me parais- « sant démontrée, je donne mon adhésion « au dessein que vous avez manifesté de le « remplacer dans l'exercice de ses fonctions « par un procuré. » Et celle de Monseigneur, en date du 5 août portant : « En tout cas et « pour le motif énoncé dans la lettre de M. « le Ministre, défense absolue à M. Rey- « naud d'exercer aucunes fonctions d'ordre « et de juridiction, soit à Goncelin, soit ail- « leurs, nous lui retirons tous ses pouvoirs. » Le 9 août, j'ai eu l'honneur de vous adresser un appel régulier sur cette mesure frappée d'une nullité parfaite, vu que les pouvoirs d'ordre et de juridiction restent inamoviblement attachés au titre curial, qui me reste à perpétuité, ainsi que mon presbytère, que le procuré ne possède ni en tout ni en partie.

Je demande donc non l'absolution d'aucune censure que je n'ai pas encourue, ni la permission d'user d'un pouvoir d'ordre et de juridiction, mais sa décision archiépiscopale, si j'encourais l'irrégularité en célébrant la messe, en donnant l'absolution et en faisant les autres fonctions que permet mon titre curial.

J'attends donc de Votre Eminence une décision théologique sur l'unique objet demandé.

M. Richoud pourra vous donner d'autres renseignements sur ma lettre au Ministre, de celle que j'ai adressée au Nonce apostolique.

Je compte sur l'équité et l'impartialité de Votre Eminence et je vous prie d'agréer l'assurance du très profond respect de votre très humble serviteur.

M. J. REYNAUD, *curé-archiprêtre du canton de Goncelin.*

Anecdote. — Aujourd'hui, 28 septembre 1879, j'ai rencontré sur la route du Touvet, M. Sachet, juge de paix, et son fils, leur ai parlé de mes démarches au Conseil d'Etat, pour la reprise de mes fonctions à Goncelin, et suis tombé sur l'anecdote de ce membre de la Fabrique, qui le 28 novembre 1858, fit connaître sa pensée et celle d'autres Messieurs dans l'assemblée du bureau des Marguilliers.

Il parlait de faire venir un vicaire. Je lui dis « Je suis bien étonné que ceux qui ne « veulent ni du curé, ni du vicaire, aient « tant de zèle pour faire venir un vicaire. »

Il se lève et déclare! « Eh bien, Monsieur le « Curé, puisque vous me forcez à dire toute « ma pensée, je veux un vicaire parce que « vous menez trop rude ma femme et ma « servante. »

Le président de la fabrique, M. François Coquand, entendant pareille déclaration, dit : « Je ne veux plus de vicaire. »

Le 27 septembre 1867, l'avocat général, M. Roë, à qui je venais de raconter cette historiette : « Qui l'empêchait, dit-il, d'envoyer confesser ailleurs sa femme et sa servante. »

Il connaissait le personnage.

En 1860, Monseigneur Ginoulhiac, évêque de Grenoble, juste appréciateur des besoins de la paroisse, annonça à M. le Préfet, qu'il n'avait point de vicaire pour Goncelin et mit à néant le budget municipal et le budget fabricien où étaient votés des fonds pour le vicaire.

L'intérêt privé en lutte avec l'intérêt public

Goncelin, le 27 juin 1878.

Monseigneur, en réponse à votre lettre, du 26, j'ai l'honneur de vous faire observer que malgré les assertions du bureau, de MM. les Ingénieurs et de M. le Préfet, le domaine des pauvres éprouve chaque année un grave préjudice de la *déviation* du ruisseau de Villard-Boson, faite à l'encontre de l'article 640 du Code civil, par la main de l'homme et que toutes mes lettres, dont j'ai conservé le double, n'ont pour objet que la cessation et la réparation du dommage.

Par une lettre du 19 septembre 1877, à M. le Préfet, j'ai dit que quatre membres du bureau, MM. Sarret, maire, Sachet, juge de paix, Pierre Charpin, officier municipal, Hugues Jacquemont, avaient des intérêts contraires à ceux des pauvres et qu'ils me font opposition lorsque je cherche à les délivrer d'une inondation perpétuelle, qui force à désertion la plupart des fermiers.

Si c'est là une diffamation, je suis prêt à en subir les conséquences, lorsque ces Messieurs se seront constitués parties civiles contre moi, eux MM. Sarret, Sachet, Charpin, qui en 1867, m'ont dénoncé comme aliéné.

Ce déni de justice va être signalé à la Chambre des députés, au nom de plus de trente signataires d'une pétition du 12 décembre 1877, à laquelle M. le Préfet, qui s'abrite derrière les Ingénieurs, n'a pas eu égard. Le dossier que vous avez pourra être demandé avant huit jours.

Les questions de dommages-intérêts sont de la compétence des tribunaux judiciaires, nul autre ne peut les résoudre valablement.

Le 25 janvier 1698, le cardinal Le Camus, en autorisant la construction d'une digue demandée par l'administration des pauvres, dit : « Permis à condition que les fonds des « pauvres ne seront pas plus taxés à pro- « portion que ceux des autres contribuables. « Les procureurs des pauvres veilleront. A « Grenoble, le 25 janvier 1698, le cardinal « Le Camus. »

Son Eminence, à ce qu'il paraît, n'avait pas une confiance excessive en ceux qui étaient chargés de la justice distributive. Ils ne valent pas plus aujourd'hui qu'autrefois.

Je vous renvoie la lettre du 22 juin par laquelle M. le Préfet cherche à vous persuader que je me suis exposé à des poursuites correctionnelles pour diffamation.

En lui communiquant cette réponse, je vous prie de lui dire que vous auriez trop à faire, s'il fallait vous charger de toutes les difficultés que soulèvent la position, la trempe d'esprit et l'amour de la justice dans le curé de Goncelin, *ætatem habet; ipse de se loquatur*.

C'est dans ces sentiments que j'ai l'honneur d'être, etc.

Déviation du ruisseau de Villard-Boson. — Cessation et réparation du dommage. — Interruption de la servitude ne datant que de quinze ans environ.

Goncelin, le 29 juin 1878.

A Messieurs les Députés, à Versailles.

Messieurs les Députés,

Par de nombreuses lettres adressées à la Préfecture de l'Isère, j'ai vainement demandé et comme curé et comme membre du bureau de bienfaisance : la cessation et la réparation du grave dommage causé au domaine des pauvres par suite de la déviation que les sieurs François Francoz et Antoine Mouret ont fait prendre au ruisseau de Villard-Boson à l'encontre de l'article 640 du code civil, exigeant que les cours d'eau suivent la ligne directe, sans intervention de la main de l'homme.

Le 31 décembre 1877, trente propriétaires ou habitants du pays, parmi lesquels il s'en trouve qui participent aux revenus des pauvres et ont un intérêt constant à la prospérité de leur domaine, ont envoyé à M. le

Préfet une pétition du 12, dont j'ai conservé le double avec les signatures.

Qu'il vous plaise, Messieurs les Députés, demander cette pétition avec tout le dossier d'une affaire qui me met en lutte avec quatre membres du bureau de bienfaisance, qui ont des intérêts privés contraires à ceux des pauvres, et exercent de l'influence à la Préfecture auprès des Ingénieurs du département, ce qui a éveillé l'attention de Monseigneur l'évêque, comme il conste de la lettre préfectorale du 22, et de celle du même prélat, en date du 26.

Si vous voulez être bien renseignés, ne vous servez pas d'eux, faites cesser le dommage annuel causé à la propriété, non seulement des pauvres, mais encore de beaucoup d'autres ; interrompez la prescription de servitude établie depuis moins de trente ans.

Vous obligerez celui qui, etc.

Le 8 octobre 1879, sur la réquisition verbale de M. Jules Sarret, maire, j'ai été expulsé de la salle du bureau de bienfaisance par le gendarme Magnin, sous prétexte que je n'en étais plus membre. J'ai demandé copie du réquisitoire, le gendarme Magnin l'a refusé, il n'en avait point. Le Maire a promis de le faire.

Le lendemain, cette violence a été dénoncée au Ministre des Cultes.

Affaire grave

Erreurs religieuses et administratives de *Monseigneur Fava, évêque de Grenoble, et de ses Grands Vicaires, MM. Rey et Ginon, ses complices.*

1° Un évêque peut-il se tromper et tromper les autres, par ignorance ou par malice ?

Oui, cela est fréquemment arrivé ; l'histoire de l'Eglise mentionne grand nombre d'évêques hérétiques et schismatiques, comme les Ariens, les Donatistes, les Nestoriens.

2° Le respect dû à un évêque et à ses vicaires généraux, oblige-t-il un curé d'approuver par son silence les errements religieux et administratifs de ses supérieurs ?

Non assurément, il trahirait les droits imprescriptibles de la vérité et de la vertu, il se dégraderait lui-même et chargerait sa conscience.

3° Le 5, le 17, le 23 et le 24 août 1879, Monseigneur Fava et ses vicaires généraux, ont-ils écrit et lu publiquement dans l'église de Goncelin, des erreurs religieuses et administratives, savoir : que tous les pouvoirs d'ordre et de juridiction étaient retirés au curé-archiprêtre de Goncelin, qu'on ne devait plus s'adresser à lui, que ses actes étaient frappés de nullité, que les sacrements par lui administrés seraient nuls, et ont-ils ainsi trompé les administrateurs de la commune et les habitants de la paroisse ?

Oui ; le 12e canon de la session 7 du saint Concile de Trente sur les sacrements en général, est ainsi conçu : « Si quelqu'un dit que « le Ministre en état de pêché mortel, lors « même qu'il observe tout ce qui tient à « l'essence de la confection et de l'adminis- « tration du Sacrement, ne le confère pas « et l'administre pas, soit anathème, c'est- « à-dire *excommunié*. »

La même erreur est condamnée dans l'Hérésiarque Wichts, par le Concile général de Constance, session 8, C. Mutta.

Si les mauvais prêtres administrent validement les sacrements, à plus forte raison les bons prêtres.

« Les sacrements du Baptême, de la Confirmation et de l'Ordre impriment dans l'âme un caractère *ineffaçable* » (Session 7, canon 9 du susdit Concile de Trente), de sorte que le pape même ne peut l'ôter.

Quelle audace dans l'évêque de Grenoble qui avec ses vicaires généraux, tombe une seconde fois sous le glaive de l'excommunication, en punition de ses erreurs religieuses qui, au for extérieur, sont censées volontaires.

Quant aux erreurs administratives des personnages sus-énoncés en ce qui concerne le retrait des pouvoirs de juridiction, il paraît qu'ils n'ont pas lu, ou du moins qu'ils ont oublié ce que portent les statuts *Synodaux* du diocèse de Grenoble, que la juridiction reste attachée au titre de *curé*. *Statuts* de 1864, *page* 12; *Statuts* de 1874, *page* 14.

Benoît XIV, l'un des plus grands papes qui aient gouverné l'Eglise, dans son immortel ouvrage *du synodo diœces.*, livre 7 c. 28, enseigne d'après la sacré congrégation que la défense faite au curé par l'évêque ou le pape d'assister aux mariages n'en empêche point la validité.

4° En l'état, Joseph Reynaud, curé-archiprêtre de Goncelin, conserve-t-il tous ses pouvoirs d'ordre et de juridiction? Peut-il valablement dire la messe, confesser, administrer les sacrements de baptême, de pénitence, d'extrême-onction, de mariage, prêcher, faire le catéchisme ?

— Oui; dire le contraire ce serait une hérésie frappée d'excommunication. Ses bien aimés paroissiens, qui savent qu'il est aussi sain d'esprit que de corps, sont parfaitement libres de s'adresser à lui, sans s'inquiéter de la gendarmerie, qui n'a pas qualité, même sur la réquisition d'un juge de paix, d'un maire ou d'un préfet, de décider par des arrestations illégales des questions de droit divin, ecclésiastique et civil. On n'a pas interdit ou levé la messe au curé, mais les ornements et le calice, en changeant les clefs de l'église et de la sacristie.

Fait à Goncelin, le 1er novembre 1879, pour être affiché et lu dans l'église en temps opportun. Joseph Reynaud qui seul a la possession canonique de son église, à l'exclusion d'un prêtre *intrus* qui n'est ni légalement, ni canoniquement procuré ou vicaire.

Le 2 novembre 1879, remis copie à M. Lagarde, président du conseil de fabrique, pour être communiqué aux autres membres, et à M. David, membre du Conseil municipal pour être communiqué aux officiers municipaux.

Le 4, copies à M. le Ministre des Cultes et à Son Eminence le Cardinal, nonce apostolique. M. le Ministre est prié de remettre au Nonce en ce qui le concerne.

Le 9, après la bénédiction de la Grand' Messe, j'ai monté en chaire pour lire, et j'ai eu malgré les réclamations de l'abbé Lombard qui, à plusieurs reprises, ordonnait aux gens de sortir. On lui obéissait, mais il est resté quelques personnes au pied de l'église, au chœur, sous le clocher. L'abbé Lombard demandait la fermeture de l'église, il s'adressait à moi et disait que personne ne voulait m'écouter. Il s'appesantissait sur le malheur de ses bien aimés paroissiens. Affiché à la porte de l'église le 23 novembre 1879, à 2 heures du soir, avant Vêpres.

Le 5 novembre 1879, prévenu M. le Ministre de la Guerre sur les abus d'autorité de la gendarmerie à la suite de réquisitions illégales.

On a changé les serrures et les clefs de l'église et de la sacristie.

Le 19 novembre 1879, diffamation verbale par M. Lagarde, en présence de MM. Hippolyte Giraud et Joseph-Laurent L'Hôpital, il a dit que je n'étais plus rien ; que j'étais interdit ; que je suis un *entêté*.

Législation pénale

« Art. 393 du code pénal. Est qualifiée *effraction* tout forcement, rupture, dégradation, démolition, enlèvement de murs, de toit, planchers, portes, fenêtres, serrures, cadenas ou autres ustensiles ou instruments servant à fermer ou à empêcher le passage et de toute espèce de clôture, quelle qu'elle soit.

« Art. 394. Les effractions extérieures sont celles à l'aide desquelles on peut s'introduire dans les maisons, cours, basses-cours, enclos ou dépendances, ou dans les appartements ou logements particuliers.

« Art. 396. Les effractions intérieures sont celles qui après l'introduction dans les lieux mentionnés en l'article précédent, sont faites aux portes ou clôtures du dedans, ainsi qu'aux armoires ou autres meubles fermés. Est compris dans la classe des effractions intérieures, le simple enlèvement des caisses, boites, ballots sous toile, cordes et autres meubles fermés qui contiennent des effets quelconques, bien que l'effraction n'ait pas été faite sur le lieu.

« Art. 397. Est qualifiée *escalade* toute entrée dans les maisons, bâtiments, basses-cours, édifices quelconques, jardins, parcs et enclos, exécutée par dessus les murs, portes, toitures ou toute autre clôture. — L'entrée par une ouverture souterraine, autre que celle établie pour servir d'entrée est une circonstance de même gravité que l'escalade.

« Art. 398. Sont qualifiées *fausses clefs*,

tous crochets, rossignols, passe-partout, clefs imitées, contrefaites, altérées ou qui n'ont pas été destinées par le propriétaire, locataire, aubergiste ou logeur, aux serrures, cadenas, ou aux fermetures quelconques auxquelles le coupable les aura employées. »

L'abbé Lombard, le maire Sarret ont changé les clefs et les serrures de l'église et de la sacristie et m'ont enlevé l'usage de mon mobilier dont j'avais la jouissance, c'est un enlèvement avec effraction, que ni le préfet ni le ministre ne peut justifier.

Article 7 de la loi du 18 Germinal an X.

Du recours au Conseil d'Etat dans les cas d'abus commis contre le Ministre des Cultes.

Il y aura pareillement recours au Conseil d'Etat, s'il est porté atteinte à l'exercice public du culte et à la liberté que les lois et les règlements garantissent à ses Ministres.

« Cet article, dit M. Portalis, rédacteur de « la loi du 18 Germinal an X, est fondé sur la « raison naturelle. Si les personnes ecclésias-

« tiques peuvent commettre des abus contre
« leurs inférieurs dans la hiérarchie et con-
« tre les simples fidèles, les fonctionnaires pu-
« blics et magistrats peuvent s'en permettre
« contre la religion et contre les Ministres du
« Culte.

« Le recours au Conseil d'Etat doit donc
« être un remède réciproque, comme l'ap-
« pel comme d'abus ; car voici ce que porte
« l'article 80 de nos libertés : *L'appel com-*
« *me d'abus réciproque* est réciproquement
« commun aux ecclésiastiques pour la conser-
« vation de leur utilité et juridiction. *Sique*
« le promoteur ou autre ayant intérêt peut
« aussi appeler *comme d'abus* de l'entreprise
« ou attentat fait, tant par le juge *Lay*, sur
« ce qui lui appartient.

« Il est enseigné par tous les auteurs que
« les Ministres du Culte peuvent appeler
« comme d'abus de toute sentence au juge-
« ment rendu par un tribunal laïque, si ce
« jugement blesse les lois ou la juridiction
« spirituelle des personnes ecclésiastiques.
« Si l'on n'a vu peu d'exemples de ces ap-
« pels comme d'abus, c'est que la voie de
« l'appel simple était toujours ouverte aux
« ecclésiastiques contre les sentences des ju-
« ges inférieurs et que la voie de cassation
« leur compétait contre les arrêts des
« cours. »

Goncelin, le 30 mars 1880

Monsieur le Ministre des Cultes,

Je viens donc, appuyé sur la doctrine de l'article 7 de la loi du 18 Germinal an X, et sur l'interprétation y donnée par M. Portalis, son rédacteur, recourir au Conseil d'Etat pour obtenir la réformation du jugement du 2 février 1880, qui a confirmé celui du juge de paix du 1er septembre 1879.

Toutes les lois relatives à la matière ont été méconnues et enfreintes. Les conclusions de Me Douare, mon avoué, me paraissent péremptoires, elles n'ont pas été réfutées par l'adversaire ni par le tribunal.

L'insanité d'esprit sur laquelle la décision épiscopale repose uniquement, n'est crue ni par l'évêque, ni par le tribunal. L'insanité non plus que la culpabilité ne se présume pas ; c'est à celui qui l'allègue de la prouver. C'est en première instance au tribunal civil de la prononcer, et en dernier ressort à la Cour d'appel. Les faits d'imbécillité, de démence ou de fureur doivent être articulés par écrit. Ceux qui poursuivront l'interdiction présenteront les témoins et les pièces. Article 493 du code civil.

Jamais cette interdiction a été prononcée, ni même provoquée jusqu'à ce jour.

L'arrêté ministériel du 14 août qui agrée la nomination du procuré Lombard, ne m'a pas été notifié ; le tribunal n'en dit mot. Par conséquent il est à mon égard comme s'il n'existait pas, et l'abbé Lombard ne peut être regardé que comme un *intrus*.

Voici ce que je lis dans le nouveau *Journal des Conseils de fabriques*, tome 10, numéro 4, page 97.

« Après la notification de l'arrêté ministé-
« riel au titulaire, le procuré est seul recon-
« nu par le gouvernement comme adminis-
« trateur de la paroisse. Il est donc habile à
« user des droits accordés par les lois civiles
« au titulaire qu'il remplace. »

Le tribunal suppose que l'évêque m'a interdit et m'a ôté tous mes pouvoirs d'ordre et de juridiction.

Ce retrait n'est qu'apparent. Avec mon titre de curé, je conserve tous mes pouvoirs de juridiction, mes pouvoirs d'ordre ne peuvent se perdre que par la mort. Si l'article 30 dit que les curés seront immédiatement soumis aux évêques dans l'exercice de leurs fonctions, il n'en fait pas des esclaves. Tous les curés, dans la mesure prescrite par les canons reçus en France, art. 6.26, doivent une obéissance raisonnable à l'évêque.

Que signifie les mots : *immédiatement?* —

aveuglément? — Non. *Illégalement?* — Non. *anticanoniquement?* Non.

Que signifie-t-il donc? *Sans intermédiaire*, quel qu'il soit, monastères, abbayes, chapitres, etc.

Le mot *immédiatement* rappelle l'article 10 qui abolit les privilèges ou exemptions contraires à la juridiction épiscopale.

Par votre intermédiaire, Monsieur le Ministre des Cultes, je transmets au Conseil d'Etat le jugement du 2 février, tel qu'il m'a été signifié le 13 mars, et vous prie de m'en faire retour, quand il aura été statué sur mon recours, qui a de la connexité avec celui du 16 septembre dernier, et avec les *erreurs épiscopales* en matière de foi et de discipline que j'ai adressées à Votre Excellence le 4 novembre dernier. Ma position étonne tout le monde, tâchez d'y remédier promptement.

Vous obligerez, etc.

Le 17 avril 1880, demandé à M. le Préfet et le 18, à M. le Ministre de l'Intérieur et des Cultes, protection administrative pour la liberté individuelle et l'exercice du culte.

Si la célébration du Saint Sacrifice est pour moi un crime, un délit, une contravention, faites moi dresser procès-verbal et attendez la décision des tribunaux, avant de faire agir les gendarmes. Si je ne suis interdit ni civilement, ni canoniquement, je jouis de tous mes droits civils et ecclésiastiques.

La mort civile a été abolie par la loi du 31 mai 1854, qui y a substitué la dégradation civique et l'interdiction légale ; où est à à mon égard cette dégradation civique et cette interdiction légale ?

Nullités absolues. L'article 173 du code de procédure ne s'applique qu'aux nullités de pure forme contenues dans les exploits et autres actes de procédure, non à celles qui intéressent l'ordre public, ces dernières peuvent être proposées en tout état de cause, et même pour la première fois devant la cour de cassation, elles ne sont point couvertes par le consentement exprès ou tacite des parties.

Ainsi peuvent être opposées en tout état de cause après comme avant les défenses au fond, les nullités résultantes notamment... 5° du défaut de qualité de l'une des parties (Orléans 19 mai 1819, Aix 23 janvier 1825, Besançon 11 avril 1833, Paris 23 mai 1839.)

Encyclopédie des huissiers, tome 3, page 417.

Au sujet du procès de la Grange d'Hautefare, Pommiers, Jacques Genève a été constamment sans qualité : 1° dans le procès-verbal du 10 mai 1875 ; 2° dans l'assignation du 15 mai 1875; 3° dans le jugement de la justice de paix de Voiron, du 8 juillet 1875 ; 4° dans les jugements du 3 juillet 1876, du 23 août 1877 du tribunal de Grenoble; 5° dans l'arrêt de la cour de la même ville en date du 6 juillet 1878, qui a motivé le pourvoi en cassation.

D'après l'acte de partage de la famille Genève, fait par Jacques Genève lui-même, et enregistré à Voiron plusieurs années avant le surgissement du procès sus-énoncé de 1875, Jacques Genève, second fils et successeur de Jacques Genève premier, n'a aucuns droits sur la vaste grange d'Hautefare, ni sur les dépendances de cet édifice. Tout a passé dans les mains de Marie Genève, sa sœur, épouse de Joseph Barlet dont Jacques Genève a eu soin de ne dire mot et a trompé la justice de paix de Voiron, le tribunal et la cour de Grenoble, par le recel de cet acte de partage, et par la production d'un faux numéro 108 substitué au vrai numéro 98, de François Reynaud et au numéro 109 de Jean-Pierre Guillaud.

Goncelin, le 6 juin 1880

Monsieur Delepouve, avoué,
rue Joubert, 17, Paris.

Je suis en lutte avec Monseigneur Fava,

évêque de Grenoble, qui me cause de graves dommages. Qu'il vous plaise prendre connaissance du recours que je forme contre lui au Conseil d'Etat, et de vous en faire donner récipissé par M. le Ministre des Cultes ou son représentant, ainsi que de celui du 30 mars 1880, contre l'abbé Lombard, nommé procuré en violation de toutes les lois civiles et canoniques.

J'élis domicile dans votre étude. Vous me tiendrez au courant des affaires où j'appellerai votre concours, vous tiendrez note de vos déboursés et de vos ports de lettres.

Vous recevrez par le second courrier mon plaidoyer contre l'évêque de Grenoble, j'en fais hommage à votre étude pour que vos clercs présents ou à venir puissent trouver de quoi justifier leur client.

En attendant de recevoir votre réponse sur le récépissé ministériel, j'ai l'honneur d'être

Le curé-archiprêtre du canton de Goncelin,

Joseph REYNAUD.

Le 20 juin 1880, M. Delepouve m'a répondu qu'il avait reçu mes deux lettres du 10 et 18 juin concernant mon recours au Conseil d'Etat et son dépôt avec récépissé du Ministre des Cultes.

Il m'annonce avoir lu avec soin et intérêt mes défenses et qu'il fera le nécessaire.

Goncelin, le 2 juillet 1880.

Manifeste

Demande de Célebret *à l'Evêché de Grenoble*

Le soussigné curé-archiprêtre de Goncelin, sans renoncer à aucun de ses appels, demande un *Célebret* nonobstant le prétendu retrait de pouvoirs d'ordre et de juridiction énoncé en la lettre épiscopale du 5 août 1879.

L'administration diocésaine se charge-t-elle de prouver juridiquement l'insanité d'esprit de la victime dont elle veut perpétuer l'immolation, en disant que cette maladie est incurable, et que dès lors le curé est irrégulier à perpétuité ? Le temps est un bon juge et un grand médecin.

Depuis 38 ans, le Conseil municipal de Goncelin maintient son curé sur la liste des électeurs et atteste par là qu'il n'est pas atteint d'insanité d'esprit.

On ne dit pas au curé : corrigez-vous de telle habitude criminelle, faites pénitence et ensuite on vous permettra de dire la messe ; on lui dit : Vous êtes fou ; vous n'avez pas le discernement nécessaire pour traiter dignement le sacrement de l'Eucharistie, malgré votre excellent *Manuel Eucharistique* approuvé par les deux évêques, Philibert de Bruillard et Jacques-Marie-Achille Ginoulhiac.

Vous n'êtes affranchi d'aucunes de vos obligations, ne manquez pas de lire votre bréviaire, jeûnez, faites abstinence.

Le soussigné s'attend ou au refus ou au silence, chose plus commode, mais son manifeste sera publié par les journaux.

Joseph REYNAUD,

Curé-archiprêtre du canton de Goncelin.

Le 4 juillet 1880 envoyé copie à M. le Procureur de la République pour qu'il fasse cesser la violence qui m'empêche de dire la messe.

République Française

BULLETIN DES LOIS, N⁰ 79

Décret qui abroge l'article 75 de la Constitution de l'an VIII, du 19 septembre 1870.

« Le gouvernement de la défense natio-
« nale décrète, article 1er : L'article 75 de
« la Constitution de l'an VIII est abrogé. »
« Sont également abrogées toutes les dis-
« positions ayant pour objet d'entraver les
« poursuites dirigées contre les fonctionnai-
« res publics de tout ordre. »
« 2° Il sera ultérieurement statué sur les
« peines, qu'il peut y avoir lieu d'édicter
« contre les particuliers qui auraient dirigé
« des poursuites téméraires contre des fonc-
« tionnaires »

Fait à l'Hôtel de Ville de Paris, le 19 septembre 1870.

Signé : Général TROCHU, Jules FAVRE, Emmanuel ARAGO, Jules FERRY, GAMBETTA, GARNIER PAGÈS, PELLETAN, E. PICARD, ROCHEFORT, Jules SIMON, Ad CRÉMIEUX, GLAISE-BIZOIN.

Grenoble, le 11 janvier 1881.

Évêché de Grenoble

Nous Amand Joseph, évêque de Grenoble, avertissons M. Reynaud, curé de Goncelin, qu'il ait à faire dans la huitaine, à partir de ce jour, acte de soumission pleine et entière aux mesures que sa conduite nous a forcé de prendre à son égard, à défaut de quoi nous nous verrons dans la nécessité de procéder plus sévèrement contre lui.

Grenoble, le 11 janvier 1881.

AMAND Joseph, *évêque de Grenoble*

Goncelin, le 12 janvier 1881.

Nous soussigné, Curé-Archiprêtre du canton de Goncelin,

Déclarons à Monseigneur Fava, évêque de Grenoble, que loin de faire dans la huitaine, acte de soumission pleine et entière aux mesures illégales et anticanoniques qu'il a prises à notre égard, notamment par l'exclusion des conférences ecclésiastiques, par l'absurde et impossible retrait de pouvoir d'ordre et de juridiction, par la diffamatoire taxation d'insanité d'esprit, non légalement prouvée comme l'exigent les articles 489 et suivants du Code civil, 890 et suivants du Code de procédure civile, nous maintenons tous nos appels légitimes et nécessaires, tous nos recours, toutes nos poursuites, tant légales que canoniques, et attendons de pied ferme les mesures plus sévères dont nous menace l'avertissement du prélat, en date du 11 janvier courant et le dispensons de toute monition ultérieure; *quod facis fac citiùs*. Joan. 13, 27.

Joseph ARNAUD, *curé-archiprêtre du canton de Goncelin.*

Sommation à Monseigneur l'Archevêque de Lyon, 8 janvier 1881

L'an 1881, et le 8 janvier, à la requête de M. Joseph Reynaud, curé-archiprêtre de Goncelin, y domicilié, qui fait élection de domicile en mon étude.

Je Paul-Edouard Jeantel, huissier, reçu au Tribunal civil de Lyon, y demeurant rue de l'Hôtel de Ville, 78, soussigné, ai signifié et déclaré à M. Caverot, cardinal-archevêque de Lyon, y demeurant, avenue de l'Archevêché, au palais archiépiscopal, où je me suis rendu, parlant à M. Pagnon, vicaire général, qui a reçu copie du présent acte et m'en a donné récepissé, en signant à l'original.

Que depuis le 1er septembre 1877, jusqu'à ce jour, le susdit, curé-archiprêtre du canton de Goncelin, a fait parvenir à Son Eminence le cardinal Caverot, archevêque de Lyon, plusieurs plaintes contre M. Fava, évêque de Grenoble, plaintes ayant pour objet l'exclusion illégale et anticanonique des conférences ecclésiastiques, le retrait des pouvoirs d'ordre et de juridiction, irretirables, d'après toutes les lois divines et humaines, l'intrusion par voie de fait et violence d'un procuré qui l'empêche de dire la messe ou de communier, bien qu'il ne soit frappé d'aucune censure canonique ; que ses instances de vive voix et par écrit n'ont amené aucune décision juridique et canonique, soit de l'archevêque, soit de ses vicaires généraux, que, cependant, en vertu des articles 14 et 15 de la loi du 18 germinal an x, et l'édit d'avril 1695, les archevêques doivent prononcer sur les plaintes formées contre les actes et les décisions des évêques suffragants ; que les anciens canons maintenus en France par les articles 6 et 26 de la loi précitée, du 18 germinal an x, imposent aux archevêques les mêmes obligations et les rendent responsables de leur incurie, de leur négligence ou de leur connivence, en vertu des articles 1382 et 1383, du Code civil.

C'est pourquoi, j'ai huissier susdit et soussigné par le présent acte mis en demeure et sommé M. l'Archevêque de décider dans le plus bref délai, qui ne pourra dépasser un mois, les questions suivantes:

1° M. Fava, évêque de Grenoble, a-t-il exclu légalement et canoniquement des conférences ecclésiastiques, ledit curé-archiprêtre de Goncelin ?

2° Le recours au Pape pour le maintien du titre d'archiprêtre, a-t-il affranchi l'archevêque de prononcer sur l'affaire dont s'agit ?

3° L'évêque de Grenoble, a-t-il valablement retiré au plaignant ses pouvoirs d'ordre et de juridiction, dont le maintien est expressément mentionné dans les statuts diocèsains de Grenoble, 1863, 1874, page 12 et 14 ?

4° Le plaignant est-il frappé d'une vraie censure, excommunication, suspense, interdit? En conséquence, j'ai en le déclarant responsable de toutes les suites passées et futures et en demandant que le requérant soit prévenu 8 jours d'avance de l'audience qui devra être fixée aux parties, remis et laissé, sous toutes réserves et protestations utiles à M. l'Archevêque, copie du présent. Coût 10 fr. 30.

Timbre spécial, 0 fr. 60. Edouard Jeantel.

Enregistré à Lyon, le 10 janvier 1881.

Reçu 3 fr. 75, signature illisible.

Vu et reçu copie au Palais de l'archevêché, Lyon, 8 janvier 1881, Pagnon, v. g.

Archevêché de Lyon

Lyon, le 15 janvier 1881.

Monsieur le Curé

Un huissier de Lyon, M. Jeantel; s'est présenté à l'archevêché, demandant à voir Son Eminence, il était porteur d'une pièce énumérant plusieurs plaintes portées par vous contre Monseigneur Fava, votre évêque.

Son Eminence était absente et n'est pas encore de retour d'un voyage qu'elle a fait à

Rome, en sorte qu'elle n'a pas encore pu avoir connaissance de l'exploit que vous lui avez fait adresser par l'huissier.

Je m'étonne, Monsieur le Curé, que vous ayez recours à une semblable voie pour la défense de votre cause.

Je crois donc agir sagement en vous conseillant de ne pas chercher à résister à l'autorité de votre évêque. Monseigneur Fava est trop digne évêque pour n'avoir pas été dirigé par des motifs très graves en nommant un procuré à votre place. Ces motifs ont d'ailleurs été appréciés par le Gouvernement qui a sans doute donné son agrément à la nomination du procuré.

Je ne puis entrer dans la discussion de cette affaire. Je me borne seulement à vous rappeler que c'est s'engager dans une voie dangereuse de s'élever contre l'autorité de son évêque, à laquelle on a promis obéissance au jour de son ordination. Réfléchissez un peu à tout cela, et Dieu vous préserve de rien faire qui soit peu digne de votre caractère sacerdotal.

Veuillez agréer, Monsieur le Curé, l'assurance de ma respectable considération.

Votre serviteur,

PAGNON, *v. g.*

L'adresse ou suscription porte Monsieur

Reynaud, ancien curé de Goncelin.

Ce mot *ancien* semblerait dire que je ne suis plus curé de Goncelin.

Goncelin, le 16 janvier 1881.

M. PAGNON

Vicaire général de l'Archevêché de Lyon

Plein de reconnaissance pour les bons conseils que contient votre lettre du 15, j'ai l'honneur de vous faire observer qu'ils ne peuvent remplacer la sentence canonique exigée par mes appels et par la sommation du 8.

L'absence de Monseigneur l'Archevêque n'arrête point le fonctionnement administratif. Ils est d'ailleurs très facile d'envoyer copie de l'exploit, soit à Son Eminence, soit à Monseigneur Fava, qui n'a motivé la nomination du procuré que sur une prétendue insanité d'esprit, qui aux termes des articles 901, 902 du Code civil, me rendrait non seulement incapable de faire aucune donation ou testament, mais encore de donner ma démission,

Ne pouvant ni communier ni dire la messe, je me suis décidé à recourir à la justice qui, par trois sentences conformes, selon les usages reçus en France, ne prononcera pas, je crois, que je suis indigne ou incapable de la célébration et de la communion. Est ce que tout curé à qui l'on donne un procuré, est traité de cette manière? Quand je paraîtrais avec Monseigneur Fava devant l'officialité, vous verrez que je ne suis frappé d'aucune censure. Ne vous écartez pas, je vous prie, de la sommation dont vous avez accusé réception et que j'ai entre les mains. Faites connaître huit jours d'avance à l'huissier, chez qui j'ai élu domicile, le jour de l'audience. Pour plus de sureté, écrivez-moi en même temps.

Agréer l'assurance, etc.

Joseph REYNAUD
Curé-Archiprêtre de Goncelin, qui ne doit à son Evêque qu'une obéissance canonique

Edit d'avril 1695, registré le 14 mai 1695

Art. 12. — Les curés tant séculiers que réguliers peuvent prêcher et administrer le sacrement de pénitence dans leurs paroisses sans aucune permission plus spéciale.

Art. 45. — Voulons que tous les Archevêques et Evêques et tous autres ecclésiastiques soient honorés comme le premier des ordres de notre Royaume et qu'ils soient maintenus dans tous les droits, honneurs, rangs, séances, présidences et avantages dont ils ont joui ou dû jouir jusqu'à présent.

Art. 49. — Voulons que lesdits ecclésiastiques jouissent de tous les droits, biens, dimes et de toutes les autres choses appartenant à leurs bénéfices.

Ordonnance destitutive du 18 mars 1881

Art. 1er.– Nous déclarons que M. Joseph Reynaud, curé de Goncelin est destitué.

Votre déclaration, Monseigneur, fait naître un doute sérieux. Quel en est le vrai caractère ? est-elle purement déclarative et nullement effective ? Ne peut-on pas l'envisager comme frappée de nulité et de stérilité? Le Curé de Goncelin, n'était-il pas déjà destitué par lui-même, le 5 août 1879, pour l'unique motif d'insanité mentale ?

Vous avez fait un tour de force en essayant de lui retirer tous ses pouvoirs d'ordre et de juridiction. Les hétérodoxes ont été excommuniés par le concile de Trente, quand ils ont enseigné que l'absolution du prêtre n'était pas effective, mais purement déclarative. Déclarer ce n'est pas opérer la destitution. Sous l'empire des lois que vous avez juré d'observer, vous deviez procéder d'une toute autre manière. Quelle contravention, quel délit, quel crime, reprochez-vous à la victime dont vous perpétuez l'immolation? Pensez-vous que l'abbé Reynaud, dont la régularité honore le clergé diocésain, s'est destitué lui-même parceque ses multiples devoirs l'ont forcé de déplaire à certaines gens de tout sexe et de toute condition? Avez-vous en mains le pouvoir de l'Archevêque, le pouvoir du Pape, qui tous les deux doivent prononcer avec expression de causes légales et canoniques, la destitution que toute personne enseignante.

Art. 2. — Nous lui retirons toute juridiction, nous lui défendons itérativement jusqu'à nouvelle décision de notre part d'exercer aucune fonction d'ordre et nous lui interdisons aussi le port du costume de chœur.

Vous continuez l'exercice de votre plénipotence ; vous méconnaissez l'effet suspensif des appels en matière bénéficiale. Il faut une nouvelle décision de votre part, celle de vos supérieurs, l'Archevêque et le Souverain pontife ne compte pour rien. Ce sont là des procédés schismatiques peu propres à l'édification de l'Eglise.

Le mot *itérativement* rappelle la défense du 5 août 1879. « Pour le motif énoncé dans « la lettre de M. le Ministre, *l'insanité d'es-* « *prit*, défense absolue est faite à M. Rey- « naud, d'exercer aucunes fonctions d'or- « dre et de juridiction, soit à Goncelin, soit « ailleurs et nous lui retirons tous ses pou- « voirs. » N'était-ce pas déjà une destitution effigiaire et fantasmagorique, digne du brevet d'invention, que la plupart des Evêques n'envieront point à son auteur?

Le *costume de chœur*, c'est le rochet ou surplis qu'ont droit de porter les simples clercs tonsurés, fussent-ils frappés de quelque censure, dont les effets énumérés par les canons ne s'étendent nullement au port de cet insigne ecclésiastique. L'Evèque d'après S. Liguori, ne peut ajouter aux effets des censures réglées par les lois générales de l'Eglise.

Art. 3. — *Nous prions* M. le Ministre des Cultes de présenter notre ordonnance à l'agrément de M. le Président de la République et de prendre les mesures nécessaires : 1° Pour assurer à M. Reynaud, les moyens d'existence auxquels son titre lui donne droit; 2° pour éloigner effectivement M. Reynaud du presbytère et de la paroisse de Goncelin, en attendant la nomination d'un nouveau titulaire *à la cure vacante.*

Le Curé-Archiprêtre déclare qu'à partir du 17 avril 1882, il n'a reçu ni traitement ni moyens de subsistance, soit du Gouvernement, soit de la caisse diocésaine, où il a fait pendant 45 ans des versements réguliers. Cette sollicitude épiscopale n'est qu'apparente. Pourquoi lui enlever la faible ressource qu'il aurait trouvé dans la célébration de la messe. Il voulait le prendre par la famine pour le forcer à donner sa démission, il n'a pas réussi jusqu'à cette heure et ne réussira jamais. « Qu'on nous donne des « légumes à manger et de l eau à boire, di- « sait Daniel à l'officier de Nabuchodono- « sor, *dentur nobis légumina ad vescen- « dum et aqua ad bibendum, et contemplare « vultus nostros.* Dan., 1. v. 12.»

La figure des quatre nobles israëlites, après l'expérimentation de dix jours, était meilleure que celle des autres jeunes gens nourris à la table du Roi.

Il y a une bienveillance simulée, comme une *destitution effigiaire* et *fantasmogorique*, selon le titre de cet opuscule, démasquant les manœuvres frauduleuses. Tristesse dans l'œil, joie dans dans le cœur.

C'est en invoquant le nom de Dieu qu'on espère se faire blanchir des plus noires iniquités. Dans certain monde tout se passe en figure et l'on se donne beaucoup plus de peine pour paraître homme de bien que pour le devenir.

Evêché de Grenoble

Grenoble, le 20 novembre 1876.

Monsieur l'Archiprêtre,

J'ai pris la confiance de vous donner connaissance d'une lettre que M. le Ministre des Cultes m'avait adressée à votre sujet.

Comme je ne donnais aucune suite à cette affaire, j'en ai reçu une seconde dont je vous envoie copie n° 1. Ma réponse à cette dernière a été en substance que vous remplissiez votre charge de curé à peu près comme on pouvait le désirer, et que je ne pouvais vous inviter à quitter votre cure sans vous offrir une retraite honorable.

M. Dufaure, plein d'attention pour vous,

m'a répondu la lettre n° 2, dont je vous envoie copie. Si vous acceptez, cher Monsieur l'Archiprêtre, d'accéder aux désirs qui vous sont exprimés par M. le Ministre, vous pouvez compter que je ferai en sorte que votre pension de retraite soit complète, et que, si vous vous retirez à Grenoble, je serai heureux de vous ménager le moyen de rendre encore service au bien, autant que votre santé le permettra.

Sans doute votre première impression sera en opposition avec ce qui vous est demandé ; mais lorsque vous aurez réfléchi, j'espère que vous trouverez là un moyen providentiel de jouir d'un repos, dont vous ne tarderez pas d'avoir besoin. A votre place je profiterais de l'offre si bienveillante de M. le Ministre, dont la parole vaut un contrat. Sa lettre est un titre sûr, et dans les temps agités que nous traversons, cette pièce et ce qu'elle assure ne sont pas à dédaigner.

Croyez, Monsieur l'Archiprêtre, à mon affectueux dévouement.

AMAND Joseph,
Evêque de Grenoble.

La manière illégale et anticanonique employée à mon égard, par le même Evêque, qui me taxe d'aliénation mentale, me donne un procuré au lieu d'un vicaire, me destitue et me fait refuser l'absolution et les sacrements, parce que je ne veux pas donner ma démission, met en lumière la valeur morale de ce prélat impérieux et tyrannique.

Joseph REYNAUD.

Art. 4. — *Nous retirons purement* et *simplement* à M. Reynaud son titre d'*archiprêtre avec défense absolue* d'en porter les insignes.

Qu'entend le prélat par les insignes d'un archiprêtre, est-ce l'étole ? Non, puisque tous les curés, même les desservants, la portent. Aucun signe caractéristique de la dignité archipresbytérale n'a existé dans le diocèse de Grenoble, avant mon exclusion des conférences ecclésiastiques et mon recours au Saint-Siège pour le maintien du titre d'archiprêtre.

Goncelin, le 2 septembre 1877.

A Sa Sainteté le Souverain Pontife Roi Pie IX.

Depuis trente-six ans, je gère, dans le canton de Goncelin, les fonctions d'archiprêtre dont je crois m'être rendu digne par mon application à l'étude, par la composition d'ouvrages importants, *Méditations dogmatiques et morales*, 8 volumes, in-douze ; *Triple et synoptique exposition de toute l'Ecriture Sainte*, 20 volumes, in-8° ; par ma conduite irréprochable, par mon zèle constant pour le maintien de la discipline, par la revendication d'un immeuble usurpé sur la cure de Goncelin.

Ma réputation a excité l'envie de mes collègues. Ils ont cabalé contre moi et m'ont fait exclure des conférences (le prétexte c'est que mon vin n'était pas de la première qualité).

Monseigneur voyant que j'avais l'intention d'appeler au Métropolitain pour ma réintégration dans le droit d'y assister, m'a menacé de m'ôter mon titre d'archiprètre.

Je l'invite et le fait inviter par le Métropolitain dans mon appel d'hier, qu'il ait à surseoir au retrait dont il s'agit, jusqu'à ce qu'il ait fait agréer ses raisons par le Souverain pontife.

Ce retrait n'étant pas effectué, mon recours à Votre Sainteté, me semble avoir un effet suspensif.

L'appel au Métropolitain est autorisé par les canons. Si Monseigneur dit que j'ai des contestations avec l'administration, il faut qu'il déclare en quoi elles consistent et ne pas s'en faire juge.

J'ai plaidé trois ou quatre fois pour les droits de ma cure, contre les usurpateurs d'un vaste immeuble curial. J'étais autorisé par Monseigneur Philibert de Bruillard et par le Conseil de préfecture. Le chapitre XI de la Session XXII du Concile de Trente m'en faisant une obligation.

La construction d'un hôpital payé de mes seuls deniers m'a fait déclarer quatre procès-verbaux fondés sur la fausse interprétation de l'arrêté préfectoral, du 15 mai 1873. Je suis en voie de le faire réformer.

Je n'ai jamais eu de procès pour l'exercice de mon ministère, ça été comme propriétaire ou auteur que j'ai plaidé. Je jouis d'une grande confiance dans ma paroisse, confiance qui s'est manifestée à la mission prêchée par deux pères capucins, en janvier et en février dernier. J'ai presque travaillé autant que ces deux Pères ensemble.

Si donc Monseigneur recourait à Votre Sainteté, je la prierais très humblement de me soutenir, et si Elle a besoin de renseignements, d'en prendre auprès des Evêques qui entourent les diocèses de Grenoble, Valence, Viviers, Lyon, Belley, Chambéry, Annecy, Maurienne, Tarentaise, Général des Chartreux, Père Laurent, provincial des Capucins.

En baisant humblement les pieds de Votre Sainteté je lui conjure de m'accorder sa bénédiction apostolique.

Le Curé-Archiprêtre de Goncelin,
Joseph REYNAUD.

Le suppliant fut maintenu dans l'exercice de ses droits d'archiprêtre ; impossible à l'Evêque de réaliser sa menace. Le Prélat s'ingénie pour avoir sous la main la généralité des Archiprêtres. Il demande pour eux un camail, sous la condition de le leur ôter quand il croira devoir se plaindre d'eux, mais le Pape déjoua ce projet et réserva pour lui seul le droit d'enlever le camail.

Voici l'indult pontifical, du 22 janvier 1878, *pour la perpétuelle mémoire de la chose :*

« Les insignes honorifiques, en rehaus-
« sant la majesté des cérémonies, attirent
« plus de respect à ceux qui en sont revêtus
« et à l'exemple de nos prédécesseurs, nous
« avons coutume de les accorder volontiers
« aux Ministres sacrés constitués en dignité
« ecclésiastique.

« Il nous est donc agréable d'acquiescer
« à la demande que notre vénérable frère
« Amand-Fava, évêque de Grenoble, nous a
« faite de donner quelques marques d'hon-

« neur aux curés de son diocèse remplissant
« les fonctions de doyens.

« C'est pourquoi voulant user d'une bien-
« veillance particulière envers tous ceux
« que concernent les présentes, les absol-
« vant pour cet effet seulement, et les te-
« nant pour absous de toutes les sentences
« d'excommunication, d'interdit et de tou-
« tes les censures et peines ecclésiastiques
« qu'ils auraient pu encourir de notre auto-
« rité apostolique et en vertu de ces lettres,
« nous accordons aux curés du diocèse de
« Grenoble qui sont honorés du titre et de
« l'office de doyens, l'autorisation, la faculté,
« le droit de porter, dans les cérémonies de
« l'Eglise, dans leurs saintes fonctions, sur
« toute l'étendue de ce diocèse, un rochet
« de lin sans broderies, et un camail de
« soie noire avec doublure de soie violette,
« bords violets, boutons et boutonnières de
« même couleur.

« Nous voulons que les présentes soient
« et demeurent fermes, valides et effectives ;
« qu'elles ressortent leur plein et entier ef-
« fet, et que tous ceux qu'elles concernent et
« concerneront dans l'avenir y trouvent un
« droit certain et inattaquable, selon lequel
« devront juger et prononcer tous les juges
« délégués, auditeurs, même des causes au
« palais apostolique, déclarant nul et de

« nulle valeur tout ce qui serait attenté de
« contraire, sciemment ou par ignorance,
« par qui que ce soit, et quelle que soit son
« autorité nonobstant s'il le faut le règle-
« ment de Benoît XIV, notre vénérable pré-
« décesseur, sur la division des matières et
« toutes autres constitutions et ordonnances
« générales et spéciales édictées par le siè-
« ge apostolique, ou dans les Conciles géné-
« raux et provinciaux et dans les synodes et
« toutes les autres choses contraires.

« Donné à Rome, à Saint-Pierre, sous le
« sceau du Pêcheur le XXII janvier MVCCC
« LXXVIII, (place du Sceau.)

(Voir la *Semaine Religieuse* du diocèse de Grenoble 14 février 1878, page 320, numéro 27.)

L'ordonnance épiscopale du 18 mars 1881 est donc absolument impuissante pour enlever le titre d'archiprêtre à l'abbé Reynaud et interdire le port des insignes de ce titre, savoir le rochet et le camail mentionnés dans l'Indult apostolique du 22 janvier 1878.

Le prêtre *intrus* Pierre-Eugène Lombard n'étant encore que procuré s'affubla en 1879 du camail et du rochet et commit des actes de violence pour empêcher l'abbé Reynaud de les porter.

Le 2 juillet 1882, à 2 heures de l'après-midi, les trois coups de vêpres sonnés, les cierges allumés, l'église pleine de monde, M. l'abbé Lombard en simple soutane, n'étant point encore dans l'exercice de ses fonctions, quitte précipitamment le chœur, monte aux tribunes où l'abbé Reynaud revêtu du rochet et du camail prie à genoux dans le banc de l'œuvre ; le menace de le fermer dans le clocher, s'il dit le moindre mot, saisit le rochet qu'il met en pièces, déchire le camail dont sept boutons tombent à terre. Il déclare ne vouloir rendre le camail qu'autant que l'abbé Reynaud promettra de ne plus le porter.

Pierre Coquand, Antoine Coquand, chantres, Joseph Peyrard, ancien enfant de chœur, sont pris à témoins.

Le 3 juillet, plainte est portée à M. le Juge de paix, qui en réfère à M. le procureur de la République qui le 18 juillet 1882 écrit ainsi au plaignant par le susdit juge :

Monsieur l'abbé Reynaud,

J'ai reçu hier au soir de M. le procureur de la République une lettre dont voici la copie :

« Je vous prie d'avertir M. l'abbé Rey-
« naud que renseignements pris sur la na-
« ture et les circonstances des voies de fait
« qui ont motivé sa plainte contre le curé
« Lombard, mon parquet ne mettra pas en
« mouvement l'action publique dans cette

« affaire.
« Vous voudrez bien toutefois informer « le plaignant qu'il conserve le droit d'agir « directement lui-même à ses risques et pé- « rils devant telle juridiction qu'il croira de- « voir saisir. »
« Veuillez agréer, Monsieur l'abbé, l'as- « surance de ma considération très distin- « guée. »

Le Juge de paix
SACHET.

Je répondis alors de vive voix à M. le Juge de paix que je poursuivrais la voie de fait et restitution de la valeur de mon camail quand l'autorité aurait déclaré que je suis toujours curé de Goncelin.

Voir cette plainte du 3 juillet 1882, page 396 de mon livre.

Observations réfutatoires de l'ordonnance destitutive du 18 mars 1881.

1° *Volumineux dossier sur les difficultés et les procès.*

Dans le dossier l'évêque reconnaît qu'il y

à des choses insignifiantes et même ridicules. Il ne cite aucun fait grave sur la conduite morale, chose essentielle à remarquer.

Tous ces procès au nombre d'environ 24 ou 25 dans lesquels j'ai été plus souvent défendeur que demandeur, avaient leur raison d'être ; ils étaient tous étrangers à mon ministère, et dès lors on ne peut s'en prévaloir pour ma destitution. J'en ai gagné plus de la moitié dont l'évêque ne dit mot, non plus que le Ministre de la justice et des cultes, qui le 12 août 1876, écrivait à Monseigneur Fava que j'avais la monomanie des procès et que je les perdrais tous.

Liste des procès gagnés

1° 3 septembre 1841, François Betemps, libraire condamné par le tribunal de commerce de Chambéry, à me payer 4800 francs avec intérêts et dépens.

4° 1er juillet 1861, François Flaven, propriétaire, débouté avec dépens par la justice de paix de Goncelin.

3° Vers la même époque François Bouclier, taillandier, débouté avec dépens.

4° En 1865, les sieurs Vaussenat père et

fils, meuniers, condamnés par la deuxième chambre du tribunal civil de Grenoble, à me payer avec dépens la somme de 400 francs.

5° Le 13 mars 1868, la commune de Pommiers et le percepteur de Voreppe, déboutés avec dépens par la première chambre du tribunal civil de Grenoble pour une somme de 1000 francs destinée non au Bureau de bienfaisance, mais à une Société de *Bienfaisance générale et gratuite.*

6° En 1865, la commune de Goncelin, condamnée par le Conseil d'Etat pour avoir mis mon chien dans la catégorie des chiens de luxe, malgré ma déclaration de chien de garde. Restitution de ce que j'avais été forcé de payer en sus de la cotisation.

7° le 14 avril 1870, la même commune de Goncelin condamnée pour le même motif. Restitution du paiement indu.

8° Le 14 juin 1873, le tribunal civil de Marseille condamnant Auguste David à me rembourser avec intérêts et dépens la somme de 200 francs.

9° Le 19 avril 1877, la première chambre du tribunal de la Seine condamnant Victor Palmé, libraire, à me payer la somme de 500 francs.

10° Le 28 juillet 1878, la même première chambre du tribunal de la Seine condamnant le susdit libraire avec dépens la somme de

2000 francs et en sus 183 francs de frais de voyage.

11° Cinq ou six décharges de contributions foncières de patentes indûment imposées.

12° Le 10 mai 1880, le tribunal de paix de Goncelin condamnant Séraphin Vaussenat meunier, à me payer avec dépens une somme dépassant 100 francs.

13° En 1878, le même tribunal de paix annulant le procès-verbal fait par le garde champêtre Francoz Joachim, sous le faux prétexte que j'avais enfreint un arrêté préfectoral sur le cours des eaux aux abords de la batteuse servant de dotation à mon hôpital.

14° Sentence arbitrale condamnant mon fournisseur de pierres et de sable à me tenir compte des intérêts d'une somme de 1000 francs à lui prêtée

15° En mars 1881, décharge de 33 francs 20 sur mes contributions.

16° 20 mai 1883, la première chambre du tribunal civil de Grenoble révoquant une donation pour inexécution des conditions condamnait le neveu donataire à payer à son oncle donateur une somme de plus de 3000 francs.

Quant aux procès perdus ils sont loin d'indiquer la monomanie des procédures et des chicanes.

Je n'ai jamais plaidé contre ma conscience.

Saint-Vincent-de-Paul disait à sa congrégation qu'il avait souvent plaidé pour les affaires de sa communauté et qu'il avait perdu presque tous ses procès.

Vincent demeurait dans la même maison qu'un juge du village de Sore, situé dans les Landes, et dans le district du parlement de Bordeaux. Celui-ci étant sorti sans prendre les précautions ordinaires, trouva qu'on lui avait volé 400 écus. Il accusa Vincent du vol et se mit à le décrier parmi toutes ses connaissances et tous ses amis. Le Saint se contenta de nier le fait et de dire tranquillement : « Dieu sait la vérité. » pendant six ans que dura la calomnie, il ne dit rien autre chose pour se défendre et il ne laissa jamais échapper la moindre plainte.

Enfin le voleur qui était aussi des environs de Bordeaux, fut arrêté pour quelque nouveau crime. Déchiré par le remord de sa conscience il envoya chercher le juge de Sore, lui déclara qu'il était le voleur de son argent et que le serviteur de Dieu était innocent du crime dont on l'avait accusé. *Vie de Saint-Vincent-de Paul*, par Godescard, 19 juillet.

2° La sentence du 17 novembre 1848 rendue par Monseigneur Philibert de Bruillard est entièrement dénaturée par Monseigneur Fava : cette sentence déclare qu'il n'y a point eu d'enquête, quoi qu'elle ait été demandée par les deux parties; « attendu, dit-elle, que l'en« quête demandée par le rapporteur et le « prévenu produirait plus de mal que de « bien, à raison des circonstances. » L'évêque Fava dit encere que les inculpations dirigées contre le succursaliste, par M. Reynaud, son archiprêtre, qui dans cette circonstance est sorti de son rôle de rapporteur, pour se faire accusateur, tandis que la sentence porte que le succursaliste a ajouté que si les dénonciatrices, auteur du mémoire de 40 pages remis à l'archiprêtre, ont pu se tromper ou vouloir tromper, en rapportant comme vrais ou probables des faits manifestement faux, on doit suspecter leurs témoignages pour des faits moins graves.

C'est une vraie calomnie de soutenir que le curé de Goncelin est sorti de son rôle de rapporteur pour se faire accusateur.

Voir les observations sur le rapport du 11 février 1848 et sur la conférence du 3 novembre suivant, page 178 et *suivies* de *l'appel légitime et nécessaire*.

L'évêque de Bruillard n'a pas répliqué un mot sur les observations réfutatives de sa sentence. Pourquoi ce zèle intempestif de l'évêque Fava après trente-deux ans ? Si j'ai rapporté ces difficultés anciennes, c'était pour répondre à la lettre épiscopale du 2 juin 1877, motivant par ces difficultés mon exclusion des conférences ecclésiastiques, non seulement comme président, mais comme simple conférencier, pages de l'appel 142, 144.

3⁰ Les lettres et pétitions de 1867 ont été jugées en 1867 par Monseigneur Ginoulhiac. Le prélat m'a maintenu, pourquoi l'évêque Fava revient-il sans droit aucun sur les choses jugées ? Les lettres ministérielles postérieures provoquées par les instances de quelques ennemis ne prouvent de ma part aucun acte contraventionnel, délictueux et criminel. L'appel *légitime et nécessaire*, plaidoyer contre l'évêque Fava, ne peut être jugé que par l'archevêque et le pape; il échappe donc à la censure de cet évêque, qui est sans qualité pour faire du jugement en date du 14 février 1880, une cause de destitution.

5o En me citant devant son tribunal inférieur après trois monitions vagues, lesquelles n'indiquent pas en quoi consiste la soumission demandée, l'évêque des mains duquel j'étais sorti par mon appel à l'archevêque et au pape depuis le 1er septembre 1877 cachait le piège que signale le chapitre 54

du décret Grégorien « Si l'appelant au supé-
« rieur comparaît devant le juge inférieur
« pour des choses concernant l'appel, il pa-
« raît renoncer à l'appel.

Appel de l'ordonnance desitutive du 11 mars 1881.

Les principaux motifs de l'appel à l'archevêque sont : 1° L'incertitude et la contradiction de l'évêque destituant, qui ne sait pas s'il doit s'appuyer sur une infirmité ou sur un crime de l'abbé Reynaud « Si la trom-
« pette, dit Saint-Paul (Cor. 14. 8) ne
« donne qu'un son incertain, qui se prépa-
« rera au combat ? » Si les censures, l'excommunication, la suspense, l'interdit ne peuvent être prononcés que pour des péchés mortels certains et incontestables, à plus forte raison la destitution, peine plus grave, qui ne peut venir qu'après l'inutilité constatée des susdites censures, mesures préliminaires. Une cause douteuse ne peut produire des effets certains « Dans le doute il faut se
« déterminer plutôt pour le défendeur que
« pour le demandeur, *cum sint partiùm ju-*
« *ra obscurarœ favendum est potiùs quam*

« *actori*. Règle du Droit II. On doit regarder
« comme non fait ce qui est fait contre le
« droit *quæ contrâ jus fiunt debent utique*
« *pro infectis haberi*, règle 64. Il faut qu'une
« personne ait commis un crime pour qu'on
« puisse la punir, *sine causa, nisi subsit*
« *causa non est aliquis puniendus*, règle 23.

2° *L'impuissance masquée sous le voile de la bienveillance*. L'abbé Reynaud comme français (article 8 du code civil) jouit de tous ses droits civiques, actifs et passifs, et n'en peut être privé que par l'interdiction et la dégradation civile.

Jusqu'à cette heure aucune sentence légale passée en force de chose jugée en dernier ressort, ne l'a ni dégradé, ni interdit, ni rendu incapable de contracter, de faire des achats, des ventes, des testaments, des donations, et qu'en vertu des articles 901, 902, il ne pourrait plus faire s'il n'était sain d'esprit. L'évêque se rend donc coupable de calomnie diffamatoire en le taxant d'insanité d'esprit. Il reconnaît que l'abbé Reynaud jouit de ses droits civiques, passifs dans les choses civiles ; qu'on peut le poursuivre, le condamner à des dommages-intérêts, et que dans les choses criminelles, il est privé de ces droits passifs ; que les juges doivent le mettre hors d'instance et prononcer des ordonnances de non lieu, comme on l'a fait le 22 juillet 1867, dans l'affaire Mazet, et le 29 septembre 1878 dans l'affaire d'une prétendue destruction de mur ou digue appartenant à l'abbé Reynaud en vertu de son acte d'acquisition du 16 octobre 1869. On craignait d'échouer en poursuivant devant les tribunaux ordinaires.

On a eu recours au stratagème de l'ordonnance de non lieu. C'était une bienveillance hypocrite.

M. Sachet, juge de paix, qui le premier en mars 1867, quatre mois avant le médecin aliéniste, a dit que l'abbé Reynaud était fou, parce qu'il avait soupçonné que des enfants de chœur, à l'instigation d'autrui, avaient voulu l'empoisonner, a demandé et renseigné le médecin aliéniste, M. Cortyl, en juillet, même année ; qui plus tard a demandé et renseigné son successeur à Saint-Robert et le doyen de la Faculté de médecine de Grenoble, a suivi à Goncelin une méthode contraire à celle par lui suggérée au parquet.

Loin de prononcer des ordonnances de non lieu lorsqu'on faisait au susdit curé des procès-verbaux de police, à l'occasion des eaux motrices de l'usine annexée à son hôpital, le condamnait aux dépens, au *maximum* de l'amende par trois jugements du 25 août 1873, par un quatrième du 12 août 1878 et par un cinquième du 14 juillet 1879, et cette dernière fois à deux jours d'emprisonnement.

Le 15 août 1879, en présence des gendarmes Jean Magnin et Jean Huchet, il déclarait que le susdit curé avait une haute intelligence. Le médecin aliéniste, rapport du 19 juillet 1867, traite le même curé d'homme *érudit*, *intelligent*. Aussi depuis trente-neuf ans le conseil municipal le maintient sur la liste des électeurs. Le 9 janvier 1880 il a eu 43 voix pour les fonctions d'officier municipal, sans parler de celles du 16 dont le nombre quoique beaucoup plus considérable ne lui soit pas exactement connu. Il ne s'était pas présenté sur les rangs et n'avait pas paru aux élections. Le peuple avait confiance en lui. De tous côtés on dit : *Nous voudrions bien être fous comme le curé de Goncelin.*

3° *L'absence de toute cause légale et canonique,* malgré le volumineux dossier qui semble impressionner l'évêque, malgré les plaintes du Conseil municipal qui signait sans lire tout ce qu'écrivait M. X., malgré les nombreuses lettres du ministère cédant aux obsessions d'un haut personnage de Goncelin, employé au ministère de la marine, **aucune pièce décisive et péremptoire** *Vain arsenal d'armes impuissantes.*

Un curé aliéné ne pourrait valablement

donner sa démission ; l'aliénation serait un malheur non un crime et ne pourrait motiver la destitution. Jamais contradiction plus manifeste. Cette infirmité spirituelle n'existe en aucune façon ; mais lors même qu'elle serait complète et certaine et qu'elle constituerait une irrégularité *ex defectu*, elle ne pourrait entraîner la perte du bénéfice curial. Voici ce qu'on lit dans S. Liguori, livre 7, c. 5, n° 342
« Est-ce que le bénéficier irrégulier est pri-
« vé *ipso facto* des bénéfices obtenus avant
« l'irrégularité!

« Il est certain, d'après l'enseignement
« universel, que l'irrégularité provenante du
« défaut d'infirmité n'entraîne point cette
« perte et que le juge ne peut la prononcer
« *certum est apud omnes irregularem*
« *illis non privari, ut habetur in cap de*
« *Clero œgrot.*

L'article 15 du décret du 17 novembre 1811 n'est que la reproduction de cette disposition canonique, mentionnée dans le décret de Grégoire IX.

« Lorsqu'un curé ou desservant sera deve-
« nu par son âge ou ses infirmités dans l'im-
« puissance de remplir ses fonctions, il
« pourra demander un vicaire qui soit à la
« charge de la fabrique, et en cas d'insuffi-
« sance de revenu, à la charge des habi-

« tants avec le traitement tel qu'il est réglé « par l'article 40 du décret du 30 décembre « 1809, sur les fabriques. »

Monseigneur Fava n'a tenu aucun compte de cette législation civile et canonique.

4° L'amour de la justice, les exigences de la situation complexe de propriétaire, d'écrivain, d'usufruitier, d'administrateur responsable et non l'humeur processive ni la monomanie des procès ont amené plusieurs fois l'abbé Reynaud devant les tribunaux. L'évêque ne nomme aucun procès, actif ou passif où ledit abbé n'ait dû courir les chances de la plaidoirie. Sur environ 25 actions, où il a été plus souvent défendeur que demandeur, il en a gagné plus de quinze, et la plupart des autres ne sont pas jugés en dernier ressort.

5° *L'indue condamnation d'un plaidoyer* intitulé *appel légitime et nécessaire* pour être jugé par l'archevêque et le pape, qui tous les deux en ont reçu un exemplaire.

C'est donc à ces supérieurs légitimes de Monseigneur Fava de prononcer sur l'ouvrage dont il s'agit, et ce prélat doit attendre avec patience leur décision et ne pas empiéter sur leur domaine. Impossible à l'appelant d'éclairer autrement ses juges. Son écriture d'ailleurs est difficile à lire et ses multiples affaires ne pouvaient être convenablement traitées que par la voie de la presse. L'article 23 de la loi du 17 mai 1819 accorde un privilège aux imprimés qui doivent paraître devant les tribunaux et les affranchit des poursuites en diffamation.

Ils ne peuvent donc motiver une destitution : ni le code d'instruction criminelle, ni le code pénal n'infligent aux ecclésiastiques coupables la perte de leurs bénéfices.

6° *L'interversion de l'ordre judiciaire dans la solution des questions*. Avant d'entamer la question *majeure* de la déposition ou destitution du curé, il fallait laisser vider la question *mineure* du procuré, et ne pas supposer gratuitement et injurieusement que le Conseil d'Etat, l'archevêque et le pape étaient coupables d'un déni de justice et que, par l'ajournement de leurs décisions, ils déclaraient mal fondés les appels soumis à leur appréciation.

7° *L'usurpation de pouvoirs illégaux et anticanoniques sous le banal prétexte du bien de la religion, de la société*, comme si ces deux graves intérêts étaient attachés à la présence du procuré Lombard et à l'absence du curé Reynaud, contre lequel l'évêque à voulu faire prononcer une sentence de bannissement. Aux yeux du Prélat, c'est une situation exceptionnelle qui l'arme d'un pouvoir arbitraire, absolu et le met au-dessus des lois fondamentales de la sécurité publique.

8° *La perpétuation d'un système de surprise et d'escamotage.* Dirigée par l'Evêque, la prise de possession du procuré se distingue par trois vices principaux : La prématurité, la clandestinité, la violence : 1° Elle a été prématurée de trois manières, elle a eu lieu le 9 août, quelques jours avant l'arrêté ministériel du 14, agréant la nomination du procuré ; elle a devancé de trois mois, le long espace laissé par les lois et les canons pour interjeter appel d'une ordonnance épiscopale ou d'un arrêté ministériel. Le titulaire n'a pas eu une minute pour démontrer qu'il n'était point atteint d'insanité d'esprit et que le Ministre et l'Evêque étaient sortis des limites de leurs attributions en prononçant sur une question de la compétence exclusive du Tribunal civil et de la Cour d'appel, article 489 et suivant du Code civil ; 890 et suivant du Code de procédure.

2° Clandestinité. Le Conseil municipal et le Conseil de fabrique n'ont pas été consultés. L'installation s'est faite contrairement à l'ordonnance du 13 mars 1832, qui exige la présence du bureau des marguilliers, que ne pouvaient suppléer, ni M. Sarret, maire, ni M. Rey, vicaire général, ni M. Sachet, juge de paix.

3° Violence. La pression des gendarmes et l'effraction opérée dans l'église et la sacristie, par le changement des clefs et des serrures. Il fallait faire décider par l'autorité compétente que le titulaire n'avait plus droit de se servir des clefs en sa possession et que par suite de son insanité d'esprit, il ne pouvait plus fonctionner dans l'église, bien qu'il laissât au procuré toute la liberté d'y fonctionner lui-même.

L'arrêté ministériel n'ayant pas été notifié au titulaire doit être regardé comme non avenu. Pourquoi cette notification n'a-t-elle pas eu lieu? parceque l'arrêté n'autorisait en aucune façon les voies de fait qu'on se proposait d'exercer contre le malheureux titulaire, qui aux termes de ce document était autorisé et non forcé à s'éloigner de sa paroisse pour cause de maladie.

Une fois engagé dans cette voie d'iniquité, le prélat a continué d'y marcher. Dans ses trois vagues monitions de janvier et de février, il n'a pas mentionné la destitution, qui lui tenait si fortement au cœur, depuis surtout l'échec de ses demandes de démission, de tout temps jugée nécessaire et dont il fallait essayer de se passer quand même, en marchant par les chemins scabreux de l'illégalité, de la duplicité et du mensonge.

Par ces motifs qui seront plus amplement

développés devant le Métropolitain, en présence de Monseigneur Fava, le soussigné Curé-Archiprêtre du canton de Goncelin, interjette appel de l'ordonnance destitutive du 18 mars 1881, notifiée le 21 et se confie à l'impartialité de Son Eminence le cardinal Caverot, archevêque de Lyon, qui connaît la grave obligation à lui imposée par les règles canoniques et l'article 15 de la loi du 18 germinal an x, qu'il a juré d'observer.

Fait à Goncelin, le 14 mai 1881, et mis à la poste le même jour pour être transmis à Son Eminence, qui est priée d'étudier la question, en consultant le dossier qu'elle a entre les mains, et en demandant le sien à l'Evêque de Grenoble, qui est averti par le même courrier.

Joseph REYNAUD

Curé-Archiprêtre, du canton de Goncelin

Le 13 mai, envoyé ampliation à M. le Ministre des Cultes.

Réfutation du jugement du 4 juillet 1881, pour lequel l'Archevêque de Lyon, sans toucher aux huit motifs qui fondent l'appel du 14 mai 1881, dit que cet appel n'est point recevable pour trois causes : Notoriété des faits, contumace de l'appelant, interjection de l'appel en temps non utile.

Ce jugement n'admet en aucune façon la sentence destitutive du 18 mars 1881, et dès lors l'Evêque ne peut exécuter cette sentence, même provisoirement. L'Archevêque se rend coupable de déni de justice, de dol, de fraude, en passant à côté de la question, en refusant de prononcer sur les quatre objets de la sommation du 8 janvier 1881, en ne contraignant point l'Evêque à discuter contradictoirement ses moyens avec l'inculpé; en taxant de notoires et de publiques des choses qui n'ont pas la moindre existence, en appelant désobéissance persévérante et obstinée le refus légitime de démissionner, de renoncer à des recours et à des appels canoniques.

« Par ces motifs et d'autres qu'il est inu-
« tile d'alléguer, déclarons M. Reynaud non
« recevable dans son appel et mettons ledit
« appel à néant. »

En s'exprimant ainsi le Métropolitain a violé l'article 21 des lois ecclésiastiques de France ainsi conçu : « Un juge ecclésiastique
« qui prononce sur l'appel, ne peut dire
« qu'il met l'appel à néant, ou l'appellation
« et ce dont appel à néant, parce que cette
« forme de prononciation est réservée aux
« cours souveraines ; mais il doit dire *qu'il*
« *a été bien ou mal jugé.* »

Article 10. — Suivant l'ordonnance de 1667, quand la sentence a été signifiée à la partie avec toutes les formalités prescrites pour les ajournements et qu'on l'a fait sommer avec les mêmes formalités « d'interjeter appel, après trois ans écoulés depuis « la signification de la sentence, celui qui en « a été condamné, n'est plus recevable, et la « sentence passe en force de chose jugée; « si l'on a manqué de faire les formalités « l'ordonnance veut que les sentences n'aient « la force de la chose jugée qu'après dix « années à compter du jour de leur signi- « fication.

Les articles 6 et 26 de la loi du 18 germinal an x, maintiennent les anciens canons reçus en France.

Les anciens canons sont toujours en vigueur et se trouvent en partie consignés dans l'ouvrage de Louis d'Héricourt, avocat au Parlement de Paris, ouvrage intitulé *les Lois Ecclésiastiques de France.*

De tout ce qui précède, il suit que les trois considérants de l'Archevêque, servant de base au jugement métropolitain du 4 juillet 1881, n'ont aucune valeur et sont caducs, que dès lors l'appel du 14 mai conserve toute sa force; que la sentence de l'Evêque n'a été nùllement confirmée par l'Archevê-que.

Goncelin, le 15 juillet 1881.

Joseph REYNAUD
Curé-Archiprêtre du canton de Goncelin

Le 21 juillet 1881, j'ai signalé à M. le Ministre des Cultes, les infractions des lois de l'appel par Monseigneur l'Archevêque de Lyon, et ai mis en évidence ses multiples aberrations.

Le 28 juillet écrit à M. Jules Ferry, ministre de l'instruction publique, président du Conseil, sur le décret de la Défense nationale, en date du 19 septembre 1870, abrogatif des privilèges. N'a pas répondu.

Le 29 juillet, écrit dans le même sens à M. le Procureur Général de la Cour de Cassation, qui le 3 août 1881, a fait la réponse suivante :

« Monsieur le Curé,

« Je n'ai, comme Procureur général, ni le « devoir ni même le droit d'exprimer un « avis sur les difficultés que nos lois peuvent « soulever. Je crois toutefois pouvoir vous « indiquer, en réponse à votre lettre, qu'en « l'état, la jurisprudence de la Cour de cas- « sation décide que le décret de la Défense

« nationale, ne porte aucune atteinte aux « articles 6, 7, 8, de la loi du 18 germinal « an X. »

Cette jurisprudence ne constitue et ne peut constituer une disposition règlementaire, bien que comme précédent, elle ait une considérable valeur.

Recevez, M. le Curé, l'assurance de ma considération très distinguée.

Le Procureur-Général,

BERTAULD.

Du pouvoir papal en France

« S'il s'agit d'affaires contentieuses, ou le « Pape est en droit d'en connaître en pre- « mière instance, ou il n'en peut connaître « qu'en cause d'appel. Dans les deux cas, il « est tenu, selon les articles 45 et 46 des li- « bertés de l'Eglise Gallicane, de déléguer « en France et à des ecclésiastiques Fran- « çais, le pouvoir de vider les causes qui « sont en jugement. Le mandat de ces ecclé- « siastiques est dûment vérifié avant son « exécution, aussi nous n'avons jamais re-

« connu l'autorité ni la juridiction des con-
« grégations qui se tiennent en Cour de
« Rome. »

Portalis, sur l'article 2 de la loi du 18 germinal an x, présenté au Gouvernement de la République, le 22 septembre 1803.

Journal des Conseils de fabrique, tom, 13, page 72. Art. 3 des Lois ecclésiastique de France :

« Quand l'appel d'un jugement ecclésias-
« tique est porté au Saint-Siège, le Pape
« doit nommer des commissaires sur les
« lieux pour juger en son nom, et au cas
« qu'après le jugement il n'y ait point en-
« core trois sentences conformes, la partie
« qui se trouve lésée peut interjeter appel
« de leur jugement et obtenir du Pape de
« nouveaux commissaires jusqu'à ce qu'il y
« ait trois sentences conformes. »

Art. 11. — Le principal effet de l'appel quand il est légitime et recevable, c'est de suspendre l'exécution « du jugement et
« l'autorité du juge dont appel de manière
« qu'il n'est plus permis à ce juge de pas-
« ser outre. »

Si avant le jugement du 4 juillet 1881, l'Archevêque avait été pénétré de cette législation, il aurait sans doute parlé bien différemment qu'il ne l'a fait.

Décret

Le Président de la République,
Sur le rapport du Garde des sceaux, ministre de la Justice et des Cultes.

Vu le décret en date du 8 avril 1882, rejetant le recours de l'abbé Reynaud, curé de Goncelin, contre la sentence épiscopale du 18 mars 1881, qui prononce sa destitution canonique;

Vu la sentence sus-visée de l'Evêque de Grenoble.

Vu l'ordonnance royale du 8 août 1842, portant agrément de la nomination précédemment faite de l'abbé Reynaud à la cure de Goncelin, par l'Evêque de Grenoble;

Vu la correspondance de la Préfecture de l'Isère et les autres pièces du dossier;

Vu la convention de messidor an IX et la loi de germinal an X.

Décrète :

Article Premier

L'ordonnance royale du 8 août 1842, portant agrément de la nomination de l'abbé Reynaud à la cure de Goncelin, est rapportée.

Art. 2.

Le Garde des Sceaux, ministre de la justice et des Cultes, est chargé de l'exécution du présent décret, qui sera inséré au Bulletin des Lois.

Fait à Paris, le 17 avril 1882

Signé : Jules GRÉVY.

Opposition au décret du 17 avril 1882, notifié à l'abbé Reynaud, le 13 mai 1882, par les gardes Collomb et Bouclans, sur l'ordre de M. Sarret, maire de Goncelin.

Cette opposition formée le jour même de la notification du décret a pour base principale l'erreur substantielle, qui a fait croire à M Gustave Humbert, ministre de la Justice et des Cultes, que pour la destitution d'un curé, de même que pour sa nomination, il ne faut qu'une ordonnance épiscopale et qu'un décret présidentiel.

Cette erreur capitale trouve sa condamnation dans toutes les lois civiles et canoniques qui régissent la matière, lois que le Président de la République a juré d'observer et qu'il était bien éloigné de vouloir enfreindre, lors même qu'on parviendrait à surprendre sa religion par une demande subreptice de signature.

L'ordonnance destitutive du 18 mars 1881 a été déférée par appel, en vertu de l'article 15 de la loi du 18 germinal an x, et l'Archevêque de Lyon ne l'a pas confirmée. Il s'est borné à dire que l'appel n'était pas recevable parcequ'il n'avait pas été formé dans les dix jours de la notification.

Comme je l'ai écrit à M. le Ministre des Cultes, le 21 juillet 1881, les lois et les canons reçus en France, et surtout l'ordonnance de 1667, toujours en vigueur. donnent un temps beaucoup plus considérable.

Le décret du 17 août 1882, ne dit mot du jugement évasif de l'Archevêque, ne cite aucun fait inculpatif, crime ou délit motivant la destitution. Il ne peut tenir ni devant le décret impérial du 17 novembre 1811, article 15, ni devant la loi du 24 août 1790, article 9, titre 3, ni devant les six chapitres du décret canonique *de clero agrot*, *du clerc malade*, ni devant le concordat de 1517 entre Léon X et François Ier.

Fort de toutes ces autorités et de l'innocence de ma vie, constatée par la lettre ministérielle du 31 juillet 1879, relative au procuré et par celle de l'Evêque, du 5 août suivant, je me maintiens à mon poste dans mon presbytère avec tous mes pouvoirs d'ordre et juridiction, tous mes droits civils et canoniques. Je poursuivrai quiconque me troublera dans l'exercice de mes droits jusqu'à ce que l'Evêque de Grenoble ait fait sortir deux sentences conformes à la sienne, et que le Président de la République agréant ces trois sentences conformes ait rapporté l'ordonnance royale du 8 août 1842, agréant ma nomination de curé. Le décret qui agrée une nomination est nul, quand la nomination est nulle ; le décret qui agrée une destitution nulle, est par là même frappé de nullité. Le décret d'agrément doit toujours suivre et non précéder les trois sentences conformes (1).

Fait à Goncelin, le 13 mai 1882, pour être expédié à quintuple ampliation à MM. le Maire de Goncelin, le Préfet de l'Isère, le Ministre de la justice et des cultes, le président du Conseil d'Etat, le procureur général de la Cour de Cassation.

Joseph REYNAUD,

Curé-Archiprêtre du canton de Goncelin

Goncelin, le 9 juin 1882.

Monsieur Bovier-Lapierre, député,
Paris.

Ainsi que vos collègues du département,

(1) Le Président peut être pris à partie et poursuivi devant les Tribunaux comme on le verra ci-après.

vous connaissez peut-être mes difficultés avec M. l'Evêque de Grenoble, qui n'ayant pu obtenir ma démission, m'a d'abord nommé un procuré, pour une prétendue insanité d'esprit, et pour le même motif, que j'avais amplement réfuté, a prononcé ma destitution et conféré au procuré le titre de curé. J'ai l'honneur de soumettre à votre examen l'opposition formée au décret du 17 avril, vous priant de me dire si ce décret est valide suivant les lois qui nous régissent, et s'il peut être exécuté avant que le Conseil d'Etat ait vidé l'opposition, que j'ai expédiée à quintuple ampliation à MM. le Maire de Goncelin, le Préfet de l'Isère, le Ministre de la Justice et des Cultes, le président du Conseil d'Etat, le procureur général de la Cour de Cassation.

Agréez, etc.

Opposition à un arrêté illégal de démolition

Goncelin, le 16 juin 1882.

Monsieur le Ministre des Travaux publics,

Je viens entre vos mains former opposition à l'arrêté préfectoral du 12 juin à moi notifié le 16 du courant par les gardes Collomb et Bouclans, en voici la teneur :

Article Premier

M. le curé Reynaud est invité à procéder dans le délai de huit jours, à partir de la notification du présent arrêté, à la démolition des ouvrages construits par lui sans autorisation dans le lit du ruisseau de Goncelin.

Art. 2.

Faute par lui de se conformer aux prescriptions ci-dessus, il sera procédé d'office et sans nouvel avis à la démolition desdits ouvrages par les soins de l'administration.

Voici mes motifs d'opposition : 1° *L'incompétence préfectorale ;* depuis le décret impérial du 8 mars 1861, la police, le curage et l'amélioration des cours d'eau non navigables, ni flottables, sont enlevés aux préfets et placés exclusivement dans les attributions du Ministre des travaux publics.

2° Les travaux incriminés, bien que faits sans autorisation préfectorale, inutile en l'espèce, sont exécutés dans ma propriété avec l'autorisation expresse de la loi. L'article 552 porte que le propriétaire peut faire de sa propriété ce qu'il veut, et l'art 644 du même Code civil porte : « Celui dont la pro-
« priété borde une eau courante autre que
« celle qui est déclarée dépendance du do-

« maine public par l'article 538, au titre de
« la Distinction des biens, peut s'en servir à
« son passage pour l'irrigation de ses pro-
« priétés. Celui dont cette eau traverse l'hé-
« ritage peut même en user dans l'inter-
« valle qu'elle y parcourt, mais à la charge
« de la rendre à la sortie de ses fonds, à
« son cours ordinaire. »

Art. 2. — Le Code de pêche fluvial dit que le droit de pêche appartient par moitié aux propriétaires riverains, dans les rivières non navigables, ni flottables, tel qu'est le ruisseau de Goncelin.

Outre les erreurs de droit, il y a des erreurs de fait dans l'arrêté préfectoral du 12 juin 1882.

Loin de dépasser la ligne possédée par mes vendeurs Pierre Revel-Mouros, Jean Collomb, André Frassy, je ne l'ai pas même atteinte. Leur ancien mur, qui a plus de 40 ans d'existence, paraît en plusieurs endroits. Le lit du ruisseau le long du nouveau mur clôtural du jardin, est plus large que dans le bourg de Goncelin et qu'en aval du chemin de fer. C'est une mauvaise chicane, je demande vérification.

4° Incompétence de l'administration pour gérer les intérêts des propriétaires riverains qui voient de bon œil mes travaux ; s'ils ont des réclamations à faire, qu'ils s'adressent aux Tribunaux, comme le veut l'article 645 du Code civil.

Le Préfet de l'Isère qui s'attribue le droit de décider des questions judiciaires du ressort exclusif des Tribunaux, tombe sous le coup de l'article 131 du Code pénal. L'arrêté préfectoral auquel je forme opposition est nul; mais lors même qu'il serait valable, il ne peut entraîner la démolition des ouvrages dont il s'agit. C'est aux Tribunaux de prononcer sur cette pénalité, article 555. La seule pénalité que sanctionne la violation des arrêtés préfectoraux et municipaux, c'est l'amende d'un fr. à 5 fr. et l'emprisonnement en cas de récidive, articles 464 et 471 du Code pénal.

M. le Préfet de l'Isère n'a point présent à la mémoire l'article 437 du Code pénal, dont voici la teneur : « Quiconque aura volontairement détruit ou renversé, par quelque moyen que ce soit, en tout ou en partie, des édifices, des ponts, digues et chaussées et autres constructions qu'il savait appartenir à autrui, sera puni de la réclusion et d'une amende qui ne pourra excéder le quart des restitutions et indemnités, ni être au dessous de 100 fr. »

La réclusion est une peine afflictive et infamante, article 6 du Code pénal. J'informe M. le Préfet de l'opposition que je forme entre les mains de M. le Ministre des travaux publics et l'invite à ne pas s'engager dans une procédure inique qui peut le conduire aux assises, comme je l'écris à M. le Procureur général de la Cour de Grenoble.

Le mur que j'ai fait construire sur ma propriété pour clore un jardin, a 76 mètres de long, et le jardin a 3 mètres de large.

M. Sarret, maire sait que les eaux d'arrosage serviront au fonctionnement de mon usine, autorisée par arrêté préfectoral du 13 janvier 1871, usine qui fait concurrence à la sienne, et qu'il a déjà fait détruire, le 1er août 1879, crime par lequel le Tribunal correctionnel, le 18 août 1881, a dit que M. Sarret maire, et complices, devaient être traduits à la Cour d'assises par le Procureur général.

Mais comme aux termes de l'article 3 de la Cour d'instruction criminelle, l'action civile peut être poursuivie séparément de l'action publique, il aurait pu et dû prononcer sur ces dommages-intérêts.

M. le Maire de Goncelin et M. le Préfet de l'Isère ont été prévenus de cette opposition.

Empiétement de l'autorité administrative sur les prérogatives de l'autorité judiciaire.

Goncelin, le 17 juin 1882.

Monsieur le Procureur Général,
Grenoble.

Quand l'autorité judiciaire empiéte sur les droits de l'autorité administrative, le Préfet propose le déclinatoire et au besoin prend un arrêté de conflit qu'il soumet à l'appréciation du Conseil d'État. Il doit en être de même lorsque l'empiètement provient de l'autorité administrative, qui décide des questions de possession, de propriété, de servitude du ressort exclusif des Tribunaux, sous la garantie desquels est placée, l'inviolabilité de chaque parcelle du territoire français.

Le 12 juin courant, M. le Préfet a pris à mon grand préjudice un arrêté de démolition d'un mur clôtural de jardin de 76 mètres de long sur 3 mètres 50 de large, mur entièrement construit sur ma propriété, acquis de Pierre Revel-Mouros, de Jean Collomb et d'André Frassy.

Entre les mains de M. le Ministre des

travaux publics, je viens d'y former opposition comme j'en avise M. le Maire de Goncelin et M. le Préfet de l'Isère, par lettre du 14, sous la déduction des motifs suivants :

1° *L'incompétence préfectorale.* Depuis le décret impérial du 8 mai 1861, la police, le curage et l'amélioration des cours d'eaux non navigables ni flottables, sont enlevés aux préfets et placés exclusivement dans les attributions du Ministre des Travaux publics.

2° Les ouvrages incriminés sont faits sans l'autorisation préfectorale, non utile en l'espèce, mais avec l'autorisation expresse de la loi, articles 552, 641 du Code civil, 2 du Code de la pêche fluviale. M. le préfet Pointu croit-il qu'il n'y ait point d'autre autorisation que la sienne ?

3° Outre les erreurs de droit, il y a des erreurs de fait dans l'arrêté sus-énoncé. Je n'ai jamais tenté de m'approprier le lit du ruisseau de Goncelin pour en gêner le cours et nuire aux riverains.

Loin de dépasser la ligne possédée par mes vendeurs, je ne l'ai pas atteinte en plusieurs endroits où leur vieux mur, qui a plus de 40 ans d'existence paraît encore. Le lit est plus large tout le long de mon mur clôtural de jardin que dans le bourg de Goncelin et en aval du chemin de fer.

4° L'incompétence administrative pour

gérer les intérêts des propriétaires riverains, qui voient de bon œil mes travaux. S'ils ont des réclamations à faire, c'est aux tribunaux qu'ils doivent s'adresser, article 645 du code civil.

5° C'est tomber sous le coup de l'article 131 du code pénal que de s'attribuer les prérogatives des tribunaux judiciaires. Les tribunaux seuls, après éviction, prononcent sur les démolitions, article 555 du code civil.

6° L'article 437 du code pénal assujettit à la réclusion, peine afflictive et infamante, les démolisseurs et leurs complices et veut qu'ils soient jugés par la cour d'assises, comme l'a décidé le tribunal correctionnel, le 18 août 1881, contre MM. Sarret, maire, Pichoud, conducteur des ponts et chaussées, Didier Mazet et autres ouvriers leurs complices.

Si le parquet avait accéléré les poursuites, exigées pour les démolitions du 1er août 1879, le maire de Goncelin, le conducteur des ponts et chaussées ne chercheraient pas à détruire mes nouveaux ouvrages.

Qu'il vous plaise, Monsieur le Procureur Général, demander ampliation de l'arrêté préfectoral du 12 juin 1882 et du jugement du tribunal correctionnel du 18 août 1881. Ces deux pièces vous dirigeront dans l'exer cice de vos droits et dans l'accomplissement de vos devoirs.

Agréez etc.

Le 30 juin la démolition a commencé par les ordres de M. Sarret, maire, on a d'abord démoli le barrage, le mur, le 1er, le 2 et le 3 juillet on a continué. On a refait le mur et non les trumeaux. On a élargi le lit du ruisseau et pris de mon terrain environ 1 mètre de large sur environ 100 mètres de long.

Les arrêtés préfectoraux peuvent-ils être exécutés huit jours après les notifications ? Non, non.

Voici ce que je lis dans l'encyclopédie des huissiers, tom 3, page 9.

Compétence administrative, n° 20.

Les délais du pourvoi contre les arrêtés préfectoraux est de trois mois à partir du jour de leur notification. Ordonnance du Conseil d'Etat du 5 décembre 1833.

Que d'aberration ! Que d'oppression ! Que de tyrannie dans la Préfecture de l'Isère ? Il est temps de donner l'éveil et de jeter la lumière dans la 2me division où règne M. Blanc-Gonnet.

Protestation verbale du curé titulaire.

Le 2 juillet 1882, après l'évangile de la 1re messe, M. l'abbé Lombard, se disant titulaire de la paroisse de Goncelin, a lu : 1° le décret du 8 avril 1882 rejetant le recours de l'abbé Reynaud, curé de Goncelin, contre la sentence épiscopale du 18 mars 1881, qui qrononce sa destitution canonique ; 2° le décret du 17 avril 1882, par lequel est rapportée l'ordonnance royale du 8 août 1842, portant agrément de la nomination de l'abbé Reynaud à la cure de Goncelin ; 3° le décret du 3 juin 1882 portant agrément de la nomination du susdit M. Lombard à la cure de Goncelin.

Il a ajouté de vive voix qu'en présence de ces décrets on ne pouvait plus avoir de doute ni se faire illusion sur la cessation de pouvoirs de l'abbé Reynaud.

Celui-ci qui assistait paisiblement à la messe avec son camail et son étole, a dit en termes clairs et précis, qu'il conservait son titre et ses pouvoirs de curé jusqu'à ce que l'archevêque et le pape eussent prononcé; qu'il pouvait dès lors prêcher, confesser et remplir ses autres fonctions.

L'abbé Lombard a répliqué que personne

ne pouvait parler dans l'église sans sa permission ; mais il n'a dit mot sur la nécessité de la sentence archiépiscopale et papale pour la destitution canonique et légale du vrai curé de Goncelin, dont les décrets sus-énoncés n'ont point anéanti les droits émanés de son institution et de son installation canoniques.

En l'état, l'abbé Lombard ne serait qu'un prêtre intrus et prévaricateur qui se met au-dessus de l'archevêque et du pape, dont il méconnaît l'autorité.

Le 13 mai 1882, l'abbé Reynaud, comme il a été dit auparavant a formé opposition au décret du 17 avril. Cette opposition envoyée à quintuple exemplaire à M. le maire de Goncelin, le Préfet de l'Isère, le ministre de la Justice et des Cultes, le Président du Conseil d'Etat, le Procureur général de la Cour de cassation, n'a point encore été vidée par qui de droit.

L'abbé Reynaud tient à ce que la presse éclaire le public et mette en éveil les curés de cantons, dont l'inamovibilité, malgré leur innocence et l'absence de toute cause légale et canonique reçoit dans l'abbé Reynaud une grave atteinte.

Recours ou appel comme d'abus contre l'ordonnance de l'évêque de Grenoble qui nomme un curé titulaire de la cure de Goncelin avant la vacance légale et canonique de cette cure.

Goncelin, le 16 juillet 1882

Monsieur le Ministre de la Justice et des cultes

D'après les lois et les canons reçus en France, il faut trois sentences conformes, la première de l'évêque, la deuxième de l'archevêque, la troisième du pape, pour la déposition d'un curé de canton, avant que l'évêque lui puisse donner un successeur.

Or Monseigneur Fava, évêque de Grenoble a nommé mon successeur Eugène Lombard avant que l'archevêque et le pape aient approuvé la sentence destitutive du 18 mars 1881, et cela malgré mon appel à l'archevêque.

Les cas d'abus sont l'usurpation ou l'excès de pouvoirs, la contravention aux lois et règlements de la République, l'infraction des règles consacrées par les canons reçus en France, etc. Article 6 de la loi du 18 Germinal an X.

L'évêque a abusé de son pouvoir : 1° en me donnant d'abord un procuré le 5 août 1879 ; 2° en me destituant le 18 mars 1881, pour une prétendue insanité d'esprit, qui n'est prouvée ni légalement ni canoniquement et qui le fût-elle, ne motiverait que la nomination d'un vicaire ou auxiliaire. Aux termes du décret de Grégoire IX *de Cler œgrot.* de l'article 9, titre 3 de la loi du 24 août 1790, et de l'article 15 du décret impérial du 17 novembre 1811 ; 3° en me nommant un successeur avant la vacance légale et canonique de la cure de Goncelin.

Le prêtre Lombard n'est donc qu'un *intrus*, et l'évêque qui l'a institué qu'un prévaricateur, qui enfreint les règles et les canons reçus en France.

J'ai donc recours au Conseil d'Etat pour qu'il prononce l'abus et autorise les poursuites en dommages-intérêts.

Suivant l'article 33 des *Lois ecclésiastiques de France*, par d'Héricourt, au mot appellation.

Les appellations comme d'abus ont un effet suspensif, excepté les cas où il s'agit de la correction des mœurs et de discipline.

Par l'article 11 ainsi conçu : « Le principal effet de l'appel comme d'abus, quand il « est légitime et recevable, est de suspen- « dre l'exécution du jugement et l'autorité

« du juge dont appel, de manière qu'il n'est « plus permis à ce juge de passer outre.

Benoît XIV *de Synod diœces.*, livre 12, c. 1, admet l'effet suspensif de l'appel en matière béneficiale, et par conséquent: 1° en ce qui regarde la nomination d'un procuré ; 2° la déposition du curé ; 3° la nomination et l'institution d'un nouveau curé.

Qu'il vous plaise, Monsieur le Ministre, saisir promptement le Conseil d'Etat, me maintenir dans mon presbytère et ses dépendances, vous souvenant que le Gouvernement ne donnant ni le titre, ni les pouvoirs de curé, ne peut les ôter, privilège réservé exclusivement à l'autorité ecclésiastique.

Le curé-archiprêtre du canton de Goncelin,
Joseph REYNAUD.

Goncelin, le 29 juillet 1882.

A Sa Sainteté Léon XIII, pontife, roi.

Le 10 août 1879, j'ai eu l'honneur de porter à votre connaissance la lettre épiscopale du 5 août, qui me retire tous mes pouvoirs d'ordre et de juridiction, pour une prétendue insanité d'esprit nullement prouvée, ni légalement, ni canoniquement ; la nomination d'un procuré, sa prise de possession par la force brutale, la défense de célébrer la messe, de communier ; pour le même motif, le 18 mars 1881 il a prononcé la sentence de ma déposition, à laquelle il manque la sentence confirmative de l'archevêque, la sentence confirmative papale. Non content de pareilles irrégularités, il vient de nommer et d'instituer un prétendu titulaire, bien que la cure de Goncelin ne soit pas vacante,

Le 19 du courant, par lettre recommandée à la poste, voici ce que j'ai écrit à Monseigneur votre nonce apostolique, à Paris, et à Monseigneur l'archevêque de Lyon. La réponse de la poste atteste que les deuxièmes personnages ont reçu la plainte dont il s'agit

Attentat schismatique et tyrannique de Monseigneur Fava évêque de Grenoble, contre M. Reynaud, curé-archiprêtre du canton de Goncelin.

L'attentat schismatique consiste principalement dans la nomination et l'institution de M. l'abbé Lombard en qualité de curé titulaire d'une cure non vacante, ni par la démission du vrai titulaire, ni par l'apparente destitution du 18 mars 1881, à laquelle il manque la sentence confirmative archiépiscopale, la sentence confirmative papale ; ni par le décret du 17 avril qui rapporte illégalement et anti canoniquement l'ordonnance du 8 août 1842, portant agrément de la nomination de M. l'abbé Reynaud à la cure de Goncelin, vacante par la démission du précédent titulaire.

Le Gouvernement ne donnant ni le titre, ni les pouvoirs du curé, ne peut les ôter. C'est le privilège exclusif de l'évêque, de l'archevêque et du **pape**.

L'attentat tyrannique se produit au grand jour : 1° par l'imputation mensongère et calomnieuse d'une insanité d'esprit non prouvée légalement ni canoniquement, insanité que personne ne croit, pas même l'évêque destituant, ni le prêtre intrus acceptant qui dit : *Cela ne me regarde pas, j'obéis à mon évêque.*

2° Par l'infliction à cette fictive insanité des plus grandes peines canoniques : le retrait des pouvoirs d'ordre et de juridiction, la défense de célébrer comme prêtre, de communier comme simple fidèle, de remplir le devoir pascal ; la menace d'une destitution à tout curé du canton qui admettra aux sacrements l'abbé Reynaud, parce qu'il ne veut pas se soumettre purement et simplement à l'évêque, en donnant sa démission qu'il lui a demandée, contre toutes les règles du sens commun. Un curé aliéné ne peut valablement donner sa démission, article 901 du code civil.

L'aliénation serait un malheur, non un crime, et ne pourrait motiver la destitution ; mais uniquement la nomination d'un vicaire ou coadjuteur. Décret de Grégoire IX du *Clero œgrot*. Loi du 24 août 1790, titre 3, article 9. Décret impérial du 17 novembre 1811, article 15.

C'est à la presse de venger le bon droit et de venir en aide aux métropolitains et aux autres supérieurs ecclésiastiques, qui dissimulent, connivent et encourent la responsabilité des dénis de justice, sous le faux prétexte que, dans l'intérêt de la religion, il faut que les évêques se soutiennent les uns les autres, aux dépens du clergé inférieur, dont on méprise les plaintes les plus légitimes.

Le pape Grégoire IX ayant appelé à Rome, Saint-Raimond de Pennofort, en 1230, le fit son chapelain, c'est-à-dire auditeur du palais apostolique ; puis son pénitencier et son confesseur. Plein de confiance en ses lumières, il lui demandait toujours son avis avant de prononcer sur les choses difficiles.

La pénitence que lui imposait Raimond était de recevoir et d'écouter toutes les requêtes qu'on lui présentait et d'y répondre sans délai.

Vie de Saint-Raimond par Godescard, 23 janvier.

Très-Saint Père, j'ai quelques raisons de parler ainsi. Mes recours au Saint Siége, depuis le 2 septembre 1877 n'ont point encore eu de réponse, non plus que ceux portés à votre Nonciature à Paris.

Voici donc les questions sur lesquelles je sollicite humblement l'avis du siége apostolique.

1° Monseigneur Fava, évêque de Grenoble, m'a-t-il canoniquement exclu des conférences ecclésiastiques, non seulement comme président, mais comme simple conférencier, me diffamant ainsi dans le diocèse de Grenoble et dans les diocèses voisins, et préparant les esprits à l'inique destitution qu'il vient de prononcer ?

2° Le recours au Saint-Siége pour la conservation du titre d'archiprêtre, le 2 septembre 1877, est-il accepté ou rejeté ?

3° L'évêque de Grenoble, le 5 août 1879, a t-il valablement retiré au plaignant ses pouvoirs d'ordre et de juridiction, dont la conservation est mentionnée dans les statuts diocésains de 1863, 1874, pages 12 et 14, déclarant qu'ils ne se perdent que par une procédure canonique, laquelle n'a pas eu lieu ?

4° Le plaignant pour fautes graves est-il

frappé d'une vraie censure, excommunication, suspense, interdit? Quelles fautes? Serait-il irrégulier s'il venait à célébrer la messe ou à administrer quelques sacrements comme le lui permet son titre de curé, que le Saint-Siège lui a conservé jusqu'à ce jour ?

5° Puisque le curé doyen n'est destitué ni par l'archevêque, ni par le pape, n'a-t-il pas toujours le droit de porter le camail que lui a donné le Bref apostolique du 22 janvier 1878, bref ôtant à tout autre qu'au pape la faculté de l'en priver ?

Le procuré Lombard, actuellement prêtre intrus, le porte depuis deux ans et demi, et dit que l'évêque lui a ordonné de m'empêcher de le porter.

Le 2 juillet courant, avant Vêpres, les trois coups sonnés, les cierges allumés, beaucoup de fidèles réunis dans l'église, il monte précipitamment aux tribunes où je priais à genoux, revêtu du rochet et du camail. Il m'ordonne de les quitter. Sur mon refus, il déchire en pièces le rochet, m'arrache le camail dont sept boutons tombent sur le banc ou le plancher.

Je les montre après Vêpres au greffier de la justice de paix et aux chantres.

L'abbé Lombard a déclaré au juge de paix, qui en a informé le procureur de la

République, qu'il ne me rendrait mon camail, qui me coûtait 65 francs, qu'autant que je signerais l'engagement de ne plus le porter.

Afin que cette lettre parvienne plus sûrement à Votre Sainteté, je la recommande à la poste et vous prie de la prendre en considération, pour que je n'aie pas le désagrément dispendieux d'en aller chercher la réponse à Rome, ayant dépensé une somme relativement considérable pour la construction d'un hôpital de 50 lits au moins, *payés de mes seuls deniers*.

Recevez, Très-Saint Père, l'assurance de ma profonde vénération et de mon attachement à la Sainte Eglise catholique, apostolique et romaine.

Le curé doyen du canton de Goncelin,
Joseph REYNAUD.

La poste de Rome a déclaré que la lettre avait été remise au destinataire.

J'ai ajouté : Sous le spécieux prétexte de bien mûrir les réponses, il ne faut pas cacher la volonté bien arrêtée de ne point en faire, et accueillir ainsi dérisoirement les plaintes les plus légitimes.

Intrus, Intrusion

On appelle *intrus* celui qui s'est mis en possession d'une dignité, d'un office sans titre ou avec un faux titre.

L'intrusion est l'acte même d'usurpation dont l'intrus se rend coupable.

A prendre les mots d'*intrus*, d'*intrusion* dans leur signification ordinaire, on ne doit les concevoir qu'en se formant l'idée d'une usurpation, dont l'histoire ne nous donne que de trop fréquents exemples. Nous ne rapporterons point ici les nombreux monuments de la tradition à cet égard. Nous nous contenterons de rappeler l'*intrusion* qui fut la suite de la constitution civile du clergé.

Le Souverain Pontife, Pie VI, dans un bref qu'il publia le 13 avril 1791, à l'occasion du schisme de France, s'exprimait ainsi aux applaudissements de toute l'Eglise : « Nous « déclarons que les élections des susdits « personnages, c'est-à-dire nommés en vertu « de la constitution civile du clergé, ont été « illégitimes, sacrilèges, nulles. Nous décla- « rons et décrétons que les consécrations des « mêmes ministres sont criminelles, pleine- « ment illicites, illégitimes, sacrilèges, et « faites à l'encontre des Saints Canons.

Le même souverain pontife, Pie VI, dans

des brefs datés des 26 septembre 1791 et 16 décembre 1793, répondit : « qu'il n'é-
« tait pas permis aux fidèles, soit les jours
« fériés, soit les dimanches ou jours de pré-
« cepte, d'assister à une messe célébrée par
« un curé ou simple prêtre qui aurait prêté
« serment à la constitution civile du clergé ;
« qu'ils ne devaient assister aux Vêpres ou
« autres prières publiques présidées par des
« prêtres jureurs, puisqu'il avait été expres-
« sément défendu par Sa Sainteté, dans son
« bref apostolique du 9 mars 1792, de
« communiquer en quelque manière que ce
« soit, mais surtout en choses divines, *in*
« *divinis* avec les *intrus* et les réfractaires,
« quelque nom qu'on leur donne.

« Que les fidèles ne pouvaient aller trou-
« ver un *intrus* pour le sacrement de Bap-
« tême, excepté le cas d'une extrême néces-
« sité, et l'impossibilité de trouver un autre
« prêtre qui pût baptiser.

« Qu'il n'était point permis aux fidèles de
« tenir un enfant pour le sacrement de Bap-
« tême administré par un prêtre jureur ou
« un curé *intrus*.

« Que les femmes, après leurs couches, ne
« devaient point se présenter devant un curé
« ou prêtre assermenté.

« Qu'on ne devait point blâmer la métho-
« de de certains évêques français qui avaient

« permis aux fidèles de recevoir le sacrement « de pénitence à l'article de la mort ou dans « un danger pressant, des prêtres jureurs et « même des curés *intrus*, mais à défaut de « tout autre prêtre catholique.

« Qu'il n'était pas permis de demander à « un curé *intrus* l'absolution et la commu- « nion, dans quelque temps que ce soit, « mais surtout au temps pascal et qu'il n'é- « tait pas permis de se présenter devant un « curé *intrus* pour le mariage.

« Que les fidèles devaient fléchir les ge- « noux devant les hosties consacrées, même « par des *intrus*, mais de peur qu'ils ne pa- « raissent communiquer en cela avec les « schismatiques, qu'on devait recommander « aux fidèles d'éviter les occasions de se « rencontrer avec les prêtres *intrus* lorsqu'ils « portaient le Saint-Sacrement.

On distingue trois espèces d'intrusion, la première consiste à se mettre en possession d'un bénéfice ou d'un office sans en avoir ni demandé ni obtenu aucun titre. La seconde à s'en mettre en possession avec un titre non seulement vicieux, mais absolument nul et dont le vice est tel qu'il ne peut jamais être couvert par la possession triennale et paisible. La troisième consiste à prendre possession sans avoir obtenu les lettres de *visa* de l'ordinaire, dans les cas où ces lettres sont nécessaires.

Il n'est point d'intrusion plus formelle que celle de la première espèce.

Se mettre en possession d'un bénéfice sans titre ou avec un titre faux c'est à peu près la même chose, si dans l'un et l'autre cas, l'on n'exerce aucune violence. Par faux titre on doit entendre ici non un titre fabriqué à l'imitation d'un légitime, ce qui serait un crime de faux digne de peines graves; mais un titre qui est absolument nul et sans couleur ; nul dans son principe et tel que l'on puisse y appliquer cette règle de droit : *quod ab initio non valet, tractu temporis convalescere nequit*

L'intrus est tenu non seulement de restituer les fruits qu'il a perçus, mais aussi ceux dont il pouvait jouir, et si le titulaire vient à mourir, son droit ne devient pas meilleur par cette mort. Le successeur du légitime possesseur rentre dans ses droits, tels qu'il les possédait au jour de son décès. C. *cûm Jomdudùm de præb. C. qui à in vivorum de concess. præb C. quia judiciis.*

L'intrusion emporte une incapacité perpétuelle à celui qui est *intrus* de posséder le bénéfice dans lequel il est *intrus*. Il est aussi incapable d'en posséder aucun autre, selon les canonistes, qui disent que l'intrusion produit l'irrégularité, et l'irrégularité produit l'inhabileté générale aux bénéfices.

(*Dictionnaire du Droit canon*, par M. l'abbé André au mot *intrus*).

L'évêque *intruseur* Fava, et le curé *intrus* Lombard ne s'appuient que sur les décrets de l'autorité civile. Ils font donc revivre les principes de la constitution civile du clergé. Procéder légalement et canoniquement contre l'un et l'autre, c'est un devoir impérieux. Ils ont violé non seulement les lois canoniques, mais aussi les lois civiles relatives aux curés possesseurs de bénéfices.

Décret de Grégoire IX, titre 8

Sur la concession d'une prébende, d'une église non vacante. De concess. præb. et eccl. non vacantis.

C. I

Il faut destituer celui qui sciemment a été institué dans le bénéfice d'un homme vivant.

Institutus scienter in beneficium viventis deponendus est. Gélase, pape ad Rom. an 495.

Ceux qui sont mis à la place de prêtres vivants doivent être exclus de la communion ecclésiastique, par cela même qu'ils ont souffert qu'on les joignît comme successeurs à des prêtres vivants.

Qui in vivorum sacerdotum loco ponuntur, hoc ipso sunt ab ecclesiasticâ communione pellendi quo se passisunt successores vivis sacerdotibus adhiberi.

C. II.

Les bénéfices non vacants ne doivent être ni donnés, ni promis.

Beneficia non vacantia concedi vel promitti non débent.

Ex-concilio Lateran., an 1179. D'après le concile de Latran de l'an 1179, c'est-à-dire le 3e, on doit bien se garder de donner ou de promettre à quelqu'un avant leur vacance aucun ministère ecclésiastique, aucun bénéfice, aucune église.

Nulla ecclesiastica ministera, seu etiam beneficia vel ecclesiæ tribuantur alicui antequàm vacent.

Titre VI du décret de Grégoire IX

Du clerc malade ou infirme.

De clerico œgrotante vel debilitato.

C. I.

Le clerc malade perçoit intégralement les

fruits de son bénéfice.

Clericus infirmus integre percipit fructus beneficii sui.

C. II.

Le prêtre dont la moitié de la main et deux doigts sont coupés, ne doit pas célébrer la messe, mais il peut exercer les autres fonctions sacerdotales. (Eugène, pape).

Presbyter cui medietas palmœ cum duobus digitis abscissa, missam non celebret, sed cœteris sacerdotalibus fungi potest.

C. III.

Si le recteur d'une église est lépreux, il faut lui donner un aide ou coadjuteur. Lucius III.

Si rector ecclesiæ sit leprosus dandus est coadjutor.

C. IV.

Si le recteur d'une église est lépreux, on le prive de l'office d'administrateur, mais on l'entretient des biens de l'église. (Clément III).

Si rector ecclesiœ sit leprosus, ab administrationis officio removetur, sed bonis ecclesiœ sustentetur.

C. V

Il faut donner un coadjuteur à l'Evêque atteint d'une maladie incurable, qui l'empêche d'exercer le ministère pastoral. (Innocent III).

Episcôpo qui pro propter morbum incurabilem pastorale officium exercere non potest, dandus est ei coadjutor.

C. VI.

Quant à l'archidiacre que vous affirmez avoir perdu l'usage de la langue, par suite de paralysie, il faut lui donner un coadjuteur. (Honorius III).

Archidiacono autem quem morbo paralytico laborantem officium linguœ asseris omisisse coadjutor est merito adhibendus.

Page 386 *du Corpus juris canonici academicum.*

La deuxième partie du décret de Grégoire IX, page 494, parle de même.

La Rubrique 6 du Concordat de Léon X et de François 1er, proclame la nécessité de la troisième sentence conforme.

La Rubrique 7 du même Concordat *sur les paisibles possesseurs*, déclare incapables de posséder un bénéfice, les prêtres *intrus* ou violents.

Tel a été l'abbé Lombard, qui a contre lui cette multitude d'autorités irréfragables. Qu'il ne pense pas faire accepter l'inepte excuse suivante : *Cela ne me regarde pas, je n'ai fait qu'obéir à mon Evêque.* La prévarication de l'Evêque *intruseur* ne saurait justifier l'iniquité de prêtre *intrus.*

Déni de justice ecclésiastique

Goncelin, le 17 août 1882.

Monsieur l'Ambassadeur Français, auprès du Saint-Siège, Vatican, Rome,

Sous le spécieux prétexte de mûrir les réponses, la plupart des Tribunaux ecclésiastiques cachent adroitement la volonté de n'en point donner. Les réclamations les plus justes et les mieux établies restent infructueuses et découragent l'innocence opprimée.

Depuis le commencement de septembre 1877, j'ai fait diverses instances à l'Archevêché de Lyon, à la Nonciature à Paris, au Saint-Siège, contre les actes et les décisions de M. Fava, évêque de Grenoble, prévenu d'abus de pouvoir, d'attentats schismatiques et tyranniques. Il me tarde d'en connaître le résultat.

Qu'il vous plaise, M. l'Ambassadeur, prendre en main cette affaire, après inspection de mon dossier aux archives romaines, et inviter qui de droit à me rendre prompte justice.

L'Evêque, objet de mes plaintes, vient de mettre le comble à ses méfaits par la nomination et l'institution d'un curé *intrus*, M. l'abbé Eugène Lombard, bien que la cure de Goncelin, dont je suis titulaire depuis plus de 40 ans ne soit pas vacante, ni légalement, ni canoniquement.

Le 30 juillet dernier, j'en ai informé Sa Sainteté Léon XIII.

J'exige qu'il soit procédé canoniquement et contre l'abbé Lombard, curé intrus, et contre l'Evêque de Grenoble, qui l'a nommé et institué.

Daignez, M. l'Ambassadeur, me faire rendre l'exercice de mes fonctions sacerdotales et curiales, et recevoir l'assurance du profond respect de votre très humble serviteur.

Le curé-archiprêtre du canton de Goncelin,

Joseph REYNAUD, qui espère une prompte réponse

Décret de Grégoire IX, tit. XIII, c. 7

Page 227 du *Corpus juris canonici academicum*. C. 7.

Celui qui a été spolié même par un juge sans l'observation des formes juridiques, doit avant tout être rétabli.

Spoliatus etiam a judice, juris ordine prœtermisso anté omnia restituitur.

Deuxième partie du décret, cause XI. Il ne faut pas demander l'absolution, non est pretenda absolutio, page 571, *C. cui est.*

Il ne faut point demander d'absolution, lorsque la sentence est iniquement portée. Le pape Gélase, non est pretenda absolutio cum inique fertur sententia.

La sentence injuste ne saurait fatiguer personne. Celui donc qui ne s'en reconnaît lié en aucune façon, ne doit pas désirer d'en être absous. Gélase, pape.

Neminem potest iniqua gravare sententia ita ergo se eâ nec absolvi desideret qui se nullatenus perspicit obligatum.

Décret de Grégoire IX, tit. 27, C. 1

Il n'est pas besoin d'interjeter appel d'une sentence prononcée contre les lois et les canons.

Sententia lata contrâ leges canonesve prolata, nec abeâ opus est. appellare.

Dans le cours complet de théologie par M. Migne, tom. 25, page 686, on lit :

« *L'intrus* n'est point curé légitime ; hors « le cas d'une extrême nécessité, il n'est

« pas permis de recevoir le baptême des
« curés *intrus.* »

Intrusus minime est parochus légitimus non licet Baptiomum recipere a parochis intrusis, excepto casu extremæ necessitatis.

Maintien de l'ordre hierarchique par Saint-Léon

Parmi les lettres de Saint-Léon le Grand, il y a quelques décrétales qui méritent une attention particulière. Ce qu'il écrivit à Dorus, évêque de Bénévent, montre combien le grand Pape avait à cœur l'ordre hierarchique. Cet Evêque avait mis un prêtre nouvellement ordonné à la tête de tous les anciens. Léon l'en reprit avec sévérité, et parce que deux prêtres y avaient donné leur consentement, il statua que les autres garderaient le rang de leur ordination et que les deux adulateurs en seraient privés à jamais, pour l'avoir cédé par une lâche complaisance; encore prétend-il leur avoir fait grâce et qu'ils méritaient la dégradation canonique, parce que l'ecclésiastique, dit-il, bien maître sans doute d'humilier sa personne, *doit toujours honorer sa place.*

Hist. Eccles. par Berault Bercastel, au 461, tom. 3 page 213, par le comte de Robiano.

Punition des intrus et de leurs complices

Deux ans après la mort de Récarède, roi des Espagnes, arrivée à Tolède, sa capitale, l'an 601, il survint dans le Gouvernement politique des troubles et des désordres dont la Religion se ressentit. Alors, Janvier, évêque de Malaga et l'évêque d'une autre ville, nommé Etienne, se plaignirent au Siège apostolique d'avoir été déposés par violence et chassés de leurs sièges.

Le Pape envoya un délégué sur les lieux avec le pouvoir de juger les deux affaires. L'instruction du légat au sujet de Janvier portait que cet évêque serait rétabli dans son siège; qu'il n'y avait point de crimes prouvés contre lui et que celui qui lui avait été substitué serait privé de tout ministère ecclésiastique, ou envoyé au Souverain Pontife. Le capitulaire ou mémoire d'instruction va jusqu'à prévoir le cas où le premier usurpateur serait mort et aurait un successeur. Celui-ci peut devenir évêque d'une autre église, mais il est pour toujours exclu de celle de Malaga.

Quant aux prélats complices de cette usurpation, ils sont condamnés à faire pénitence dans un monastère avec privation pendant six mois de la communion du corps et du sang de Jésus-Christ, qu'on ne leur refusera pas pourtant, ajoute-t-il, s'ils viennent en péril de mort.

Ce que prescrit Rome au sujet de l'évêque Etienne, est encore plus remarquable, on y trouve ces règles suivies de procédure. Examiner premièrement si le jugement a été rendu dans les formes ; si les témoins sont différents des accusateurs ; s'ils ont déposé avec serment en présence de l'accusé ; si celui-ci a eu la liberté de se défendre, et si l'on a rédigé le procès par écrit. Examiner les personnes des accusateurs et des témoins, leur condition, leur réputation et leur vie ; si ce ne sont pas des gens sans aveu ou des ennemis de l'accusé ; s'ils ont parlé par ouï dire ou de science certaine ; si l'on a prononcé la sentence en présence des parties, et si quelques-uns des chefs n'ont pas été prononcés ; si ce sont les plus légers ou les plus griefs.

Berault-Bercastel, *Histoire de l'Eglise* tom. 3, livre 21.

Répression des erreurs antisociales

Goncelin, le 5 juin 1872.

Monsieur Thiers, président de la République
Versailles

Monsieur le Président de la République,

Dans la séance du 29 mai dernier, Monseigneur Dupanloup a vivement impressionné l'assemblée en lui déclarant qu'il vous avez entendu dire : « Si j'avais dans mes « mains les bienfaits de la foi, je les ouvrirais « sur mon pays ; pour ma part, j'aime cent « fois mieux une nation croyante, qu'une « nation incrédule, une nation croyante est « mieux inspirée quand il s'agit des œu- « vres de l'esprit, plus héroïque même « quand il s'agit de défendre sa grandeur. »

Les mots, *c'est vrai, très-bien* ont accueilli le récit du célèbre orateur.

Il n'est aucun bon Français, M. le Président, qui n'applaudisse à la constance de vos efforts pour la reconstitution de la société.

Mais ce que vous faites sera presque entièrement perdu, si chaque mécréant peut à son gré saper, ébranler et renverser l'édifice social, fondé dès l'origine des siècles sur la croyance d'un Dieu rémunérateur et vengeur.

Tous ceux qui font profession de ne pas croire l'existence de Dieu, l'immortalité de l'âme, les récompenses et les châtiments de l'autre vie, choses qu'aucun peuple, même païen, n'a jamais révoquées en doute, comme l'attestent toutes les histoires dont vous avez une si profonde connaissance, sont les plus grands ennemis de la société et par là même coupables du crime de lèse-majesté divine et humaine.

Autre chose est de punir l'erreur intérieure, autre chose est de punir la profession et l'enseignement de l'erreur. Tant qu'un homme renferme son erreur, son incrédulité en lui-même, elle ne peut infecter personne; mais dès qu'il produit au dehors des erreurs anti-sociales et fondamentales, il est coupable et digne de châtiment à proportion des mauvais effets que peut avoir sa témérité. La tolérance réclamée par les philosophes incrédules ne saurait désarmer le bras séculier chargé de réprimer et d'éloigner les démolisseurs et les destructeurs de l'édifice social, dont vous décoreriez vainement les étages supérieurs, si vous n'en garantissiez pas les bases, qui sont les vérités primordiales sus-énoncées, ou si vous permettiez aux complices de la Montagne et de l'Internationale, par vous déconcertés dans les murs de Paris, de les ébranler et de les détruire et de substituer le sable mauvais de l'incrédulité à la pierre inébranlable de la foi.

Consolidez et couronnez votre ouvrage en faisant décréter par l'assemblée nationale, la défense d'attaquer de vive voix ou par écrit, directement ou indirectement, les dogmes fondamentaux de l'existence de Dieu créateur, l'immortalité de l'âme, les récompenses et les châtiments de l'autre vie.

Ces vérités fondamentales sur lesquelles reposent conjointement l'édifice social et l'édifice religieux, sont aussi bien du domaine de l'Assemblée Nationale que de celui du Concile du Vatican.

L'amende et l'emprisonnement édictés contre les incrédules manifestant de vive voix ou par écrit leurs erreurs fondamentales, et contre ceux qui gardent sciemment chez eux de pareils écrits, et même le bannissement en cas de récidive, rendraient, je crois, un service éminent à la société humaine.

Si tous les souverains d'Europe s'entendaient sur ce point, l'internationale et les sociétés secrètes seraient presqu'anéanties; une infinité de mauvais livres et de mauvais journaux ne paraîtraient plus et bon nombre de professeurs ne déshonoreraient pas leurs chaires par l'enseignement d'erreurs capitales.

C'est dans ces sentiments, que j'ai l'honneur d'être, avec un très profond respect,

Monsieur le Président de la République,

Votre très humble et très obéissant serviteur.

Joseph REYNAUD,

Curé-Archiprêtre du canton de Goncelin

Le 11 août 1880, envoyé copie au journal *le Soir*, rue Balletière, n° 12.

Le 20 septembre 1880, envoyé copie à Léon XIII.

Goncelin, le 31 janvier 1883.

Stabilité et prospérité d'un régime politique fondé sur la souveraineté divine universelle et sur la souveraineté nationale partielle.

La terre et tout ce qu'elle renferme appartiennent à Dieu Créateur. Le ciel étoilé, œuvre de sa main puissante, ne cesse de publier la majesté de sa grandeur. En Dieu nous avons l'être, le *mouvement* et la *vie* suivant le langage de l'Apôtre des nations, devant l'aréopage d'Athènes,

Dans le même ordre d'idées, les anciens philosophes ont enseigné que le Dieu suprême était l'âme du monde. Ils se sont bien gardés de le confondre avec l'universalité des créatures. Orphée l'a chanté dans ses hymmes. « J'appelle grand pan, dit-il, celui qui contient l'universentier *pana voco magnum qui totum continet orbem.* »

Le panthéisme qui divinise les plus infimes parties de la matière, est une monstrueuse erreur dont les suites sont désastreuses. Dieu, pur esprit, infiniment parfait, a fait de rien le ciel et la terre, qu'il contient éminemment et n'en peut aliéner la propriété.

A l'instar du monde physique, le monde moral est l'œuvre de la divinité, qui se l'attache par des liens nécessaires et indissolubles. Une société sans Dieu serait un tas de sable mouvant placé au sommet d'une montagne.

Les tentatives d'hommes ineptes et pervers, qui ont déclaré la guerre au Seigneur et à son Christ, ne peuvent que tourner à leur honte et à leur perte. Les plus grands crimes, les scélératesses les plus inouïes deviennent légitimes sans la croyance d'un Dieu rémunérateur et vengeur.

La stabilité, la prospérité de tout régime politique sont donc attachées à cette croyance. Le pouvoir politique a donc un immense intérêt à la maintenir, à la propager dans les jeunes intelligences. S'il a fait fausse route, son devoir le plus impérieux est de revenir au bon chemin le plus promptement possible.

D'après nos livres saints, la royauté est un apanage divin. Le seigneur exerce sa domination sur l'universalité des peuples. « Par moi, dit-il, les rois règnent et les lé-« gislateurs font des lois équitables. »

Il est le roi des rois, le seigneur des seigneurs, son royaume n'est pas de ce monde ; il a une origine céleste et s'étend à tous les lieux et à tous les siècles. Ce serait dénaturer les paroles du Dieu sauveur, que de traduire ces mots *regnum meun non est de hoc mundo*, Joan. 18, v. 6. Mon royaume n'est pas en ce monde. L'équivoque disparaît à la clarté des termes qui suivent : « Si mon royaume était de ce monde, mes « gens auraient combattu pour moi, pour « m'empêcher de tomber entre les mains « des juifs ; mais mon royaume n'est point « d'ici. *Nunc autem regnum meum non est* « *hinc.* »

Le grec, l'arabe et les yriaque emploient également la question *undé*, et non la question *ubi*.

Quand Saint-Pierre d'un coup d'épée eut coupé l'oreille de Malchus, serviteur du grand prêtre, le Sauveur lui dit : « Remet-

« tez votre épée dans le fourreau, car tous
« ceux qui se serviront de l'épée périront
« par l'épée. Pensez-vous que je ne puisse
« pas prier mon père et qu'il ne m'enver-
« rait pas ici en même temps douze légions
« d'anges ? Matth. 26, v. 52. 53 »

Quand l'archange Gabriel vint annoncer à la vierge Marie, sa sublime dignité de mère de Dieu, en conformité à la prophétie d'Isaie qui mentionne le grand Emmanuel ou l'homme Dieu, il lui dit : « Ne craignez
« point, Marie, car vous avez trouvé grâce
« devant Dieu, vous concevrez dans votre
« sein et vous enfanterez un fils à qui vous
« donnerez le nom de Jésus; il sera grand
« et sera appelé le fils du Très-Haut. Le Sei-
« gneur Dieu lui donnera le trône de David,
« son père, et il règnera éternellement sur
« la maison de Jacob et son règne n'aura
« point de fin. Et regni ejus non eris finis.
« Luc. I, 31-33. »

Mais cette souveraineté universelle divine ne saurait absorber ou anéantir les souverainetés particulières de chaque nation, selon la forme adoptée par le suffrage des citoyens qui la composent et qui ont le libre exercice de leurs droits civiques.

Vu l'égalité naturelle de tous les hommes, tout pouvoir supérieur réparti à quelques uns d'entre eux émane de Dieu même. Le

Souverain Maître prescrit la soumission aux individus investis du pouvoir, qu'elle qu'en soit la dénomination, rois, empereurs, présidents, lieutenants, dictateurs. Rendons à Dieu ce qui est à Dieu, à César ce qui est à César.

Notre obéissance aux puissances temporelles n'est pas uniquement fondée sur la crainte des pénalités par elles édictées. Elle a sa racine dans la conscience. C'est résister à Dieu que de résister au pouvoir s'exerçant dans les limites fixées par la main divine. Ideo subditi estote non solùm propter ; Rom., sed etiam propter conscientiam. Rom. 13, 2, 5.

A commencer par Moyse jusqu'à Samuel, le Gouvernement Israëlite a été théocratique. C'était Dieu qui nommait directement le chef principal. Samuel étant devenu vieux établit ses deux fils, Joël et Abia, juges, sur Israël, mais ils ne marchèrent point dans la voie de leur père. Ils se laissèrent corrompre par l'avarice; reçurent des présents et rendirent des jugements injustes. Tous les anciens d'Israël s'étant donc assemblés vinrent trouver Samuel à Ramatha et lui dirent : Vous voilà devenu vieux et vos enfants ne marchent point dans vos voies. Etablissez donc sur nous un Roi afin qu'il nous juge. Il offrit sa prière au Seigneur et le Seigneur lui dit :

« Ecoutez la voix du peuple dans tout ce « qu'ils vous disent. » *Audi vocem populi in omnibus*. 1. Reg. 8, v. 7. Nunc ergo audi vocem eorum, v. 9. Samuel leur donna Saül indiqué par la voix du sort et le peuple l'accepta.

Le peuple, dans l'ordre divin, a donc la seconde souveraineté, imprescriptible, inaliénable. Tant pis pour lui s'il ne choisit pas le Gouvernement le plus approprié à ses besoins.

Le peuple souverain peut-il défaire demain ce qu'il a fait aujourd'hui ?

Il le peut absolument ; mais d'ordinaire à son grand préjudice, vu les biens immenses résultant de la stabilité d'un régime politique une fois adopté. Changer de Gouvernement comme on change d'habit, c'est une pratique désastreuse qui amène la ruine nationale.

Malgré sa souveraineté le peuple ne peut-il pas se lier par un contrat synallagmatique ou bilatéral avec un individu ou une famille pour le gouverner, et ce contrat ne subsiste-t-il pas jusqu'à la violation bien constatée des conditions y apposées ? Oui. Si les nations sont obligées de tenir les engagements pris à l'égard des autres peuples, ne doivent-elles pas respecter les contrats faits avec ceux qu'elles ont choisis pour les gouverner ? Assurément oui.

Mais comme jamais le meilleur régime politique n'a pendant longtemps l'approbation universelle, faut-il l'abandonner dès qu'il trouve des contradictions ! — Non du tout.

Quel est le moyen le plus sûr et le plus pacifique pour mettre un terme aux surprises, aux violences, aux coups de mains, aux révolutions ?

C'est le recours au suffrage universel par le scrutin de liste ; c'est en un mot le plébiscite proprement dit.

Qui doit provoquer le plébiscite ?

Les ministres de l'intérieur et de la justice sur l'avis préalable de la majorité des conseils généraux de tous les départements de la France, une indivisible.

Quelle est la plus grande folie d'un gouvernement.

C'est l'abolition de la peine de mort pour les délits politiques proprement dits ; consistant à renverser le Gouvernement sans recourir au suffrage universel et au plébiscite sus-énoncés.

Faut-il faire voter l'armée ?

Oui ; mais leurs votes doivent être confondus avec ceux des autres citoyens des contrées où les soldats seront cantonnés, pour prévenir toute cause de désordre par la séparation du peuple d'avec l'armée.

Tels sont en substance les principes politiques, longtemps médités, par un sincère ami de la patrie, qui les envoie, le 31 janvier 1883, à M. Grévy, président de la République, à M. Duclerc, président du Conseil des Ministres, et à M. le Directeur du journal *le Catholique* pour qu'il les fasse publier si bon leur semble à l'effet d'arrêter les calamités dont nous sommes menacés.

Joseph REYNAUD, toujours curé-archiprêtre du canton de Goncelin, jusqu'à ce que trois sentences semblables de l'évêque, de l'archevêque, du pape, fondées sur des causes légales et canoniques lui aient enlevé son titre et ses pouvoirs de curé ; *ce qui ne peut avoir lieu.*

Goncelin, le 2 septembre 1883.

Monsieur le Président de la République,
à Mont-sous-Vaudrey, Jura.

Votre Excellence seule peut obtenir du Saint-Père la prompte réponse à la dépêche télegraphique suivante :

1° « L'abbé Reynaud, curé de Goncelin, « n'ayant pas été destitué par trois sentences

« conformes, de l'évêque, de l'archevêque
« et du pape,comme l'exigent les lois et les
« canons reçus en France, ne conserve-t-il
« pas son titre et ses pouvoirs de curé du
« canton de Goncelin ?

2° Le refus de démission demandée en preuve d'insanité d'esprit, est-ce un crime qui empêche l'abbé Reynaud de dire la messe, et de recevoir l'absolution de la main des prêtres soumis à l'autorité de Monseigneur Fava?

Fili Corteggioni, restorante della Rosetta, via S. Chiara, 5.

Rome, le 13 septembre 1883

Eminentissime et Révérendissime
Cardinal Nina
Préfet de la Congrégation du Concile de Trente

Aujourd'hui et hier, je me suis présenté à votre Hôtel pour savoir quelle suite vous donnez à mes plaintes contre Monseigneur Fava, évêque de Grenoble, qui contre toutes les lois civiles et canoniques, au lieu d'un vicaire m'a donné un procuré, qu'il a fait installer par la force publique, sans me laisser les délais de l'appel ; qui m'a diffamé en me faisant passer pour fou ; qui m'a destitué, qui depuis le 9 août 1879 m'empêche de dire la messe, et même de recevoir l'absolution de la main des prêtres soumis à sa juridiction, sous le décevant prétexte d'insoumission.

Votre Eminence peut lui demander s'il a beaucoup de prêtres qui observent mieux que moi les lois générales de l'Eglise et les lois particulières du diocèse.

L'insoumission qui sert de voile à ses actes impérieux et tyranniques, c'est que je ne veux pas donner ma démission qu'il me demande en preuve d'une insanité d'esprit qui nuirait à ma considération personnelle et à celle de ma famille.

L'appel légitime et nécessaire dont je fais hommage à Votre Eminence, et le prospectus de *l'avocat du prêtre calomnié* éclaireront votre Religion.

Je tiens à prouver qu'à Rome tout n'obéit pas à l'argent, et que la justice papale est supérieure au denier de Saint-Pierre, qui malgré son importance pécuniaire, coûte si peu à certains évêques impérieux et tyranniques à l'égard des curés.

Le 2 septembre courant, voici ce que j'ai écrit à M. le Président de la République.

« Votre Excellence seule peut obtenir du « Saint-Père une prompte réponse aux ques-

« tions suivantes :

1° « L'abbé Reynaud, curé de Goncelin, « n'ayant pas été destitué par trois sentences « conformes, de l'évêque, de l'archevêque « et du pape, ne conserve-t-il pas son titre « et ses pouvoirs de curé de Goncelin ?

2° Le refus de donner sa démission, demandée en preuve d'insanité d'esprit est-ce un crime qui empêche l'abbé Reynaud de recevoir l'absolution de la main des prêtres soumis à l'autorité de Monseigneur Fava, évêque de Grenoble ?

Le Grand Pénitencier à qui je me suis adressé hier, m'a dit que je n'avias encouru aucune censure et m'a complètement absous.

Je ne puis plus rester dans cette position et je demande que Votre Eminence m'autorise le plus tôt possible à dire la messe et termine une affaire qui dure depuis quatre ans.

Sous prétexte de bien mûrir les réponses, le déni de justice ecclésiastique peut aisément et dérisoirement se cacher.

Je charge M. Désiré Le Roux, professeur de langue et littérature française à l'Institut technique Xavier de Mérode, Rome, palais Al temps, de me représenter et de vous remettre *mon appel légitime et nécessaire*.

Agréez l'assurance etc.

Certificat de confession par le Grand Pénitencier de l'Eglise de Saint-Pierre à Rome.

Universis prœsentes litteras inspecturis salutem in Domino.

Limina Beatorum Petri et Pauli ac sedem apostolicam personaliter visitans.

Joseph Reynaud, curé-archiprêtre du canton de Goncelin, diocèse de Grenoble, et pro pænitentiœ sacramento humiliter recurrens apud nos infrascriptum religiosum ordinis minorum conventualium. S. Francisci SSmi D. N. papœ in Basilica principis apostolorum de urbe pœnitentiarum sacramentaliter confessus est in cujus réi fidem præsentes litteras signo collégii apostolici pœnitentiarorum signatas et propria manu subscriptas, ad humilem ipsius supplicationem gratis concessimus Datum Romæ apud S. Petrum anno 1883 die 12ª mensis septembris pontificatus SSmi D. N. Léonis XIII anno 6º.

Fr. G. arts
Ord. min. conv. S. Francisci.

Démission vainement demandée à Ignace, patriarche de Constantinople.

L'empereur Michel III avait donné toute sa confiance et le titre de César au patrice Bardas, son oncle et frère de l'impératrice Théodora, mais de mœurs bien différentes. Bardas avec beaucoup d'habileté avait une ambition sans bornes et s'abandonnait aux passions les plus dissolues. Il chassa sa femme pour vivre publiquement avec sa bru. Le patriarche Ignace qui l'avait souvent exhorté et toujours en vain, de sortir du crime, l'exclut de la communion. Bardas en fureur voulait lui passer son épée au travers du corps. Mais Ignace sans témoigner la moindre frayeur, le menaça de la colère de Dieu d'une manière si terrible, qu'il le fit trembler lui-même.

Ce mouvement de crainte ne fit qu'émouvoir son cœur sans changer ses dispositions. Bientôt il usa de tout l'ascendant qu'il avait sur l'esprit de l'empereur pour le porter aux dernières violences contre le saint patriarche. Sa déposition fut résolue.

On commença par le chasser du palais patriarchal, et on le relégua dans l'île de Thérébinthe. Quelques jours après on lui envoya des grands et des évêques pour l'engager à donner acte de renonciation à son siège. On lui allégua des raisons spécieuses de céder au temps, on le plaignit, on le pria, on le menaça, sans pouvoir jamais l'ébranler.

Cependant plusieurs évêques criaient à l'injustice et menaçaient de ne point reconnaître le successeur qu'on donnerait à Ignace. Pour éviter le tumulte et fermer la bouche aux prélats qui faisaient le plus de bruit, l'artificieux César les prit en particulier et promit à chacun d'eux la dépouille d'Ignace, s'ils voulaient l'abandonner. A cette éblouissante promesse, leur indignation et leur zèle s'évanouirent.

L'empereur vous tiendra la parole que je vous donne en son nom, dit encore Bardas à chacun d'eux en particulier ; mais quand il vous offrira le siège patriarchal, ne manquez pas aux devoirs de la modestie, faites semblant de refuser. Ils le lui promirent. L'empereur les manda séparément ; il leur fit l'offre, ils refusèrent ; mais ils furent pris au mot. Le choix était déjà fait pour remplir les vues de la Cour impériale, il fallait un homme tel que Photius encore laïque et déjà schismatique, engagé dans le parti d'Asbestas de Syracuse, qui avait été déposé pour ses crimes par le patriarche de Constantinople dont la Sicile dépendait encore.

Il ne resta aux évêques qui venaient de se

laisser corrompre que la honte d'une ambition stérile et le dépit de servir un rival par leur lâche prévarication.

Histoire de l'Eglise par Berault-Bercastel, tom. 4, page 413 et 414, par le comte de Robiano.

Concile de Sardique

Nullité des nominations faites après le recours au pape.

Les canons du Concile de Sardique sont reçus dans toute l'église. Le quatrième et le cinquième canon de ce concile portent formellement qu'un évêque jugé et déposé par ses comprovinciaux peut en appeler au jugement de l'évêque de l'Eglise romaine, et qu'après cet appel on ne doit ordonner aucun évêque à la place de celui qui a été déposé, à moins que le pontife romain n'ait confirmé la déposition. Même histoire, page 439, tom. 4.

Le curé de Goncelin déposé par l'évêque a fait appel à l'archevêque et au pape. Il est en droit de se prévaloir des canons 4 et 5 du concile de Sardique, pour faire annuler la nomination curiale de l'abbé Lombard.

Déclinatoire conflit pour immixtion de l'autorité judiciaire dans des questions administratives.

Pommiers par Voreppe, le 21 mai 1885

Monsieur le Préfet,

Le 30 août 1882, M. Rivier, président du tribunal civil, s'appuyant sur l'article 806 du code de procédure civile, qui ne concerne que les matières urgentes de l'ordre judiciaire, a cru pouvoir l'étendre aux matières non urgentes de l'ordre administratif. Il a donc porté une ordonnance pour m'expulser avec tous mes meubles de ma cure ou presbytère.

Il n'appartient point à l'autorité judiciaire de s'immiscer dans les actes de l'autorité administrative et de décider si toutes les formalités requises pour la nomination et la destitution des curés ont été accomplies.

En mai (le 13) 1882, j'avais formé un recours comme d'abus au Conseil d'Etat, recours dont quintuple ampliation transmise à MM. le maire de Goncelin, le Préfet de l'Isère, le Ministre des Cultes, le président du Conseil d'Etat, le procureur général de la cour de cassation.

Embarrassés de ce recours, le maire de la commune et le trésorier de la fabrique de Goncelin, s'adressèrent à Me Guirimand, avoué de Monseigneur l'évêque de Grenoble, et lui firent entendre qu'il était urgent de me faire sortir de la cure ou presbytère pour y loger M. l'abbé Lombard et l'exonérer d'une charge de deux cent cinquante francs payés chaque année pour son logement.

Qu'il plaise à Votre zèle administratif, Monsieur le Préfet, inviter Monsieur Ducroux, président du tribunal civil à rapporter l'ordonnance de son prédécesseur en date du 30 août 1882 et à expulser à bref délai le prêtre Lombard avec ses meubles pour que je puisse rentrer les miens dans mon presbytère, vu que depuis hier je suis assigné en référé pour comparaître le vendredi 29 par devant M. le président à l'effet d'entendre prononcer que les objets déposés dans la maison de M. Joseph Didelle seront dans la huitaine de l'ordonnance à intervenir, enlevés par moi ou vendus aux enchères publiques à mes pertes et risques.

L'ordonnance royale du 1er juin 1828 autorise le déclinatoire jusqu'à ce que la chose ait été jugée en dernier ressort. J'ai l'honneur, etc.

Le 30 mai 1885, envoyé copie de cette

lettre à M. le Ministre de l'Intérieur avec ces paroles : Daigne Votre Excellence, Monsieur le Ministre de l'Intérieur, demander à M. le Préfet quelles suites il a données à ma lettre du 21, et quand le presbytère de Goncelin sera à ma disposition.

Ou je suis toujours le curé de Goncelin, ou ne le suis plus : si je suis toujours curé de Goncelin, je dois être traité comme tel et avoir ma cure et mon traitement. Si je ne le suis plus il faut me le dire en termes clairs et précis, citer les trois sentences conformes exigées par les lois et les canons et notamment par le concordat de Léon X et de François 1er.

Agréez etc.

À qui doit-on attribuer la prolongation de la disgrâce de M. Reynaud curé-archiprêtre du canton de Goncelin, ni destitué ni destituable.

Pommiers, le 30 mai 1885.

A son Eminence le cardinal Caverot, archevêque de Lyon,

Eminence,

Aux termes des articles 1382, 1383 du

code civil, tout fait quelconque de l'homme qui cause un dommage à autrui, oblige celui par la faute duquel il est arrivé, à le réparer. Chacun est responsable du dommage qu'il a causé, non seulement par son fait, mais encore par sa négligence ou par son imprudence.

L'appel a deux effets principaux : il est dévolutif et suspensif, *dévolutif* en ce qu'il transmet aux juges supérieurs la connaissance de la contestation décidée par le jugement dont appel ; *suspensif* en ce qu'il arrête l'exécution de ce jugement.

En matière disciplinaire ou correctionnelle il est dévolutif, non suspensif. En matière bénéficiale, quand il s'agit de déposséder un titulaire, l'appel est tout à la fois dévolutif et suspensif.

La sentence destitutive du 18 mars 1881 vous a été déférée en temps utile; les lois civiles et canoniques vous obligeaient ou de la confirmer ou de l'annuler. Vous avez eu recours à un expédient, dont les vices ont été signalés au Conseil d'Etat.

Les motifs exprimés dans la sentence épiscopale, l'aliénation mentale, la folie, outre leur fausseté, me rendaient indestituable en vertu de la loi du 24 août 1790, article 9, titre 3. En vertu de l'article 15 du décret impérial du 17 novembre 1811 et des six chapitres du décret canonique de Grégoire IX de *Cler. œgrot.* Ces règlements invariables et uniformes statuent que le curé jouira de tous les revenus de son bénéfice et qu'on lui donnera un auxiliaire ou coadjuteur, ce que des évêques ou des cardinaux savent utiliser.

Lorsque j'ai prié M. Pagnon, votre vicaire général de m'autoriser à dire la messe, il m'a répondu qu'il fallait exhiber le *celebret* émané de l'évêque de Grenoble.

Quand par acte extra-judiciaire, j'ai posé diverses questions à Votre Eminence, vous n'en avez tenu aucun compte.

Examinez sérieusement devant le Juge des vivants et des morts, si votre constance dans le déni de justice ne vous rend pas responsable de la prolongation de ma disgrâce.

Vous obligerez celui qui a l'honneur d'être avec un profond respect,

Monseigneur l'archevêque, de Votre Eminence, le très humble et très obéissant serviteur.

Joseph REYNAUD,

Curé-archiprêtre du canton de Goncelin, ni destitué ni destituable en l'absence de tous motifs légitimes et canoniques.

En vacances provisoires à Pommiers, dans sa maison de campagne d'Hautefare.

Responsabilité présidentielle pour nullité du décret du 17 avril 1882.

Pommiers par Voreppe, le 20 avril 1885.

Monsieur le Président de la République,

Aux termes de l'article 1382 du code civil tout fait quelconque de l'homme qui cause un dommage à autrui, oblige celui par la faute duquel il est arrivé, à le réparer.

Par votre décret du 17 avril 1882, rapportant l'ordonnance royale du 8 août 1842, agréant ma nomination à la cure de Goncelin, vous m'avez enlevé mon traitement et mes fonctions et en cela vous avez violé l'article 9, titre 3, de la loi du 24 août 1790, l'article 15 du décret impérial du 17 novembre 1811, les six chapitres du décret canonique de Grégoire IX de *Clero œgrot* et le concordat de Léon X et de François 1er lesquels s'opposent formellement à la destitution d'un curé infirme et à plus forte raison à la destitution d'un curé bien portant.

Qu'il me soit permis de faire observer à Votre Excellence que pour rapporter légalement l'ordonnance du 8 août 1842, il fallait que je fusse destitué par trois sentences conformes, de l'évêque, de l'archevêque et du pape; que son décret précité est radicalement nul et que je dois être promptement rétabli dans mon presbytère et dans mon église.

En attendant de connaître votre décision à cet égard, j'ai l'honneur d'être avec un très profond respect

Monsieur le Président de la République, votre très humble et très obéissant serviteur.

Joseph REYNAUD

Curé-archiprêtre du canton de Goncelin, ni destitué, ni destituable, en vacances provisoires à Pommiers, dans sa maison de campagne d'Hautefare.

Pommiers par Voreppe, le 1er mai 1885.

Monsieur Flourens, directeur général des Cultes,

Le 20 avril dernier, voici ce que j'ai écrit à M. le Président de la République :

« Aux termes de l'article 1382 du code « civil, etc. »

Soyez assez bon, Monsieur le directeur général des Cultes, après avoir jeté les yeux sur le décret du 19 septembre 1870, qui supprime la nécessité d'autorisation prescrite par l'article 75 de la constitution du 22 frimaire an 8, et rend aux tribunaux ordinaires toute leur liberté d'action, pour demander à M. le président de la République, s'il a reçu la lettre dont s'agit et quelle suite il daigne y donner; pour un prompt rétablissement dans mon presbytère et dans mon église de Goncelin.

Je joins à cet envoi mes lettres du 31 mars et du 9 avril aux journalistes, afin d'éclairer votre religion.

Agréez, Monsieur le directeur général des Cultes, l'assurance de la considération respectueuse de votre humble serviteur.

Joseph REYNAUD,

Curé-archiprêtre du canton de Goncelin, ni destitué ni destituable, en l'absence de tous motifs légitimes et canoniques.

En vacances provisoires à Pommiers, dans sa maison de campagne d'Hautefare.

Grenoble, Imp. MAREQUESTE & Cie, Grande-Rue, 23

ERRATA

Page 53, ligne 22, *lisez :* Destitution tentée par une bouche impuissante, *au lieu* de la destitution que toute personne, etc.

— 129, ligne 8, *lisez :* orbem *au lieu* de orbom.

— 130, ligne 27, *lisez :* le syriaque *au lieu* de les yriaque.

— 132, ligne 13, *lisez :* propter iram, *au lieu* de propter Rom.

www.ingramcontent.com/pod-product-compliance
Ingram Content Group UK Ltd.
Pitfield, Milton Keynes, MK11 3LW, UK
UKHW020606180726
13838UKWH00001B/467